2021年度河北省哲学社会科学学术著作出版资助
基金项目：河北省社会科学基金（HB18YJ058）

河北省桃产业竞争力与三产融合发展研究

马永青　齐　静　任咏梅　等　著

中国农业科学技术出版社

图书在版编目（CIP）数据

河北省桃产业竞争力与三产融合发展研究／马永青等著.--北京：中国农业科学技术出版社，2021.12
ISBN 978-7-5116-5624-7

Ⅰ.①河… Ⅱ.①马… Ⅲ.①桃-产业发展-研究-河北 Ⅳ.①F326.13

中国版本图书馆CIP数据核字（2021）第260222号

责任编辑　倪小勋
责任校对　贾海霞
责任印制　姜义伟　王思文

出 版 者	中国农业科学技术出版社
	北京市中关村南大街12号　邮编：100081
电　　话	（010）82109707（编辑室）　　（010）82109702（发行部）
	（010）82109709（读者服务部）
传　　真	（010）82106625
网　　址	http://www.castp.cn
经 销 者	各地新华书店
印 刷 者	北京建宏印刷有限公司
开　　本	170 mm×240 mm　1/16
印　　张	13.5
字　　数	205千字
版　　次	2021年12月第1版　2021年12月第1次印刷
定　　价	58.00元

◆━━ 版权所有·翻印必究 ━━◆

《河北省桃产业竞争力与三产融合发展研究》
著者名单

马永青　　齐　静　　任咏梅
张志鹏　　郝建博　　曹洪波
张丽莹　　王东平　　史少普

序

2020年，河北省桃产量和种植面积居全国第三位，产量、面积、单产在全国具有优势。近年来，河北省桃产业化水平不断提高，但是相对于山东、江苏、安徽、上海、北京等省市，河北省桃产业的综合竞争力依然薄弱。实现河北省桃产业高质量发展，提升河北省桃产业生产环节竞争力，夯实一产大底盘，是产业发展的迫切要求。同时，构筑二产硬支撑，激发三产新动能，推动一二三产业融合发展，是产业兴旺的重要路径。马永青老师的研究成果围绕产业竞争力提升和三产融合发展两大问题进行系统研究，其著作具有以下特征。

立足现实，着眼未来。一方面，立足于第一产业，从提升生产环节产业竞争力的角度，对河北省桃产业竞争力进行全面评价和聚类分析，并对竞争力影响因素进行分析评价，提出提升河北省桃产业竞争力的对策建议。另一方面，着眼于一二三产业融合发展，总结分析河北省桃产业三产融合的四种模式，并实证分析顺平县桃产业与旅游产业融合度及其融合发展的影响因素，提出促进河北省桃产业三产融合的对策建议。研究成果对于河北省桃产业高质量发展具有指导意义。

调研全面深入，具有实践性。马永青老师的研究团队一直致力于河北省桃产业经济方面的研究，团队成员深入桃园，参与桃农的生产实践，并在实践中积累了大量产业经济的一手资料，丰富了河北省桃产业信息库建设成果。研究团队与国家桃产业技术体系、河北省现代农业产业技术体系水果产业创新团队的各位专家学者密切合作，全面考察桃产业发展的宏观趋势与微观特征，研究深入具体，基础资料丰富完整。

研究系统规范，具有科学性。 依据产业竞争力相关理论，运用显示性指标、分析性指标、综合比较优势指标分析河北省桃产业竞争力，并对各省份竞争力进行聚类分析，对河北省桃产业竞争力进行量化评价；基于熵权—耦合协调度模型，研究顺平县桃产业与旅游产业的耦合度与耦合协调度的时序变化规律，测算各影响因素指标与耦合协调度之间的关联度等内容，结构严谨、逻辑恰当、方法规范，得出的结论具有科学性。

破解关键问题，具有创新性。 研究成果围绕两大主线，一是生产环节产业竞争力主线，二是一二三产业融合发展主线，两大主线研究直指产业发展关键问题，研究主题鲜明，具有现实针对性。研究得出的结论：河北省桃产业具有较强的规模比较优势和综合比较优势，效率比较优势相对不明显；顺平县桃产业与旅游产业处于耦合的成长阶段等结论，丰富了河北省桃产业竞争力实证研究成果和三产融合实证研究成果，具有学术创新性。

对策实用落地，具有社会价值。 著作提出的提升河北省桃产业竞争力的对策建议和促进河北省桃产业三产深度融合的对策建议，靶向性强，具体实用，可操作，能够为各级政府制定和完善相关产业政策提供参考，为桃产业从业人员提升产业竞争力和加快三产深度融合指明着力点。

著作出版是马永青老师十数年来持续研究河北省桃产业经济的又一成果。著作文风朴实，语言精练，深入浅出，通俗易懂，值得桃产业政策制定者、相关学者以及广大桃农认真研读。

国家桃产业技术体系树体管理岗位专家：

前　言

2019年，河北省农业农村厅指出：农业产业将坚持分类分层施策，果品产业重点提升品质和培育区域特色拳头产品，扩大优质苹果、桃等果品高质量发展。《国务院关于促进乡村产业振兴的指导意见》（国发〔2019〕12号）中指出，产业兴旺是乡村振兴的重要基础，一二三产业融合发展是产业兴旺的重要路径。

河北省是我国传统的鲜食桃生产大省，具有产业发展的地理区位优势、生产规模优势、产业基础优势和市场需求优势。2020年，河北省桃产量达到116万吨，占全国产量的8.73%，桃种植面积8.7万公顷，占全国的9.8%，桃种植面积和产量次于山东省、河南省，居全国第三位。近年来，河北省桃产业发展较快，产业化水平不断提高，但是相对于山东、江苏、安徽、上海、北京等省市，河北省桃产业的投入大、产量高、收益低，桃产业竞争力相对薄弱。

河北省很多地区目前以桃产业作为区域特色产业，以顺平县为例，致力于打造"中国桃乡"的区域名片，自2000年至2020年已经连续举办21届桃花节，桃花节的名气逐渐扩大，但桃生产、加工、销售、服务等环节相互脱节，一二三产业融合模式处于探索阶段，产业融合度不高，产业融合成效不显著，三产融合发展的综合效益低。

河北省桃产业面对竞争压力及市场环境变化应如何破局？河北省桃产业发展目前迫切需要思考两个问题。第一，如何提升河北省鲜食桃生产环节的市场竞争力？增加桃农当下收益，促进第一产业发展。

第二，如何提升河北省桃产业全产业链竞争力？增加全产业链价值，促进一二三产业融合发展。

本著作分为三篇，第一篇，基础篇。界定相关概念，梳理理论基础，系统分析河北省桃产业及一二三产业融合发展的现状。第二篇，着眼当下，河北省桃产业竞争力研究。与国内其他产桃大省进行对比研究，分析河北省桃产业的竞争力及竞争力的影响因素，提出提升河北省桃产业生产环节竞争力的对策建议。第三篇，放眼未来，河北省桃产业三产融合发展研究。总结概括目前河北省桃产业三产融合的四种模式，对河北省产桃大县顺平县桃产业与旅游产业耦合度与耦合协调度进行实证研究，提出促进河北省桃产业三产深度融合的对策建议。

河北农业大学经济管理学院科研团队一直致力于河北省三农问题的研究，长期以来，以河北省农业产业经济作为研究重点。本人率领的团队近年来专注于河北省桃产业经济相关问题的研究，现将多年来的研究成果出版发行，以期总结河北省桃产业"十三五"期间的成果及存在的问题，为"十四五"期间河北省桃产业更好更快发展提供决策参考。希望本研究的相关内容有助于河北省桃产业决策主体把握管理重点，有助于全面提升河北省桃产业的综合竞争力，促进产业兴旺及乡村振兴。

本著作作为"2021年度河北省哲学社会科学学术著作出版资助项目"，本书得到了河北省社会科学院的学术著作出版资助。在本研究资料收集的过程中，得到了各级政府部门的大力支持，包括：河北省农业农村厅、顺平县农业农村局、河北省内各市县级农业农村部门及农业技术推广部门等。同时，桃产业龙头企业、专业合作社、家庭农场、广大果农等一线经营者也予以了大量的协助和配合。值此一并表示感谢！

本研究团队一直与"国家桃产业技术体系""河北省水果产业技术体系""河北省桃产业技术体系"密切合作，并得到了其大力支持,感谢"国家桃产业技术体系"首席专家姜全教授的支持!感谢"国家桃产业技术体系"树体管理岗位专家陈海江教授的支持!感谢"河北省水果产业技术体系""河北省桃产业技术体系"各位专家的支持!

本书在写作过程中,得到了河北农业大学科技处、经济管理学院的大力支持,得到了很多同仁和朋友的支持和帮助。齐静老师、任咏梅老师、张志鹏老师、郝建博老师、曹洪波老师等参与本书部分内容的写作,张丽莹、王东平、史少普三位同学在此研究的基础上完成了毕业论文的撰写。另外,我们在写作过程中参考了大量的文献资料,在此对文献的作者表示感谢。

尽管我们努力做了一些工作,但由于水平有限,书中难免存在不足,恳请业内同行及广大读者批评指正,我们将参考诸位宝贵意见,对相关研究进行修改完善并进行后续研究。

马永青

2021 年 12 月

目 录

第一篇 基础篇

1 引 言 ·· 3
  1.1 研究背景及研究意义 ······································ 3
  1.2 国内外研究现状综述 ······································ 6
  1.3 研究内容及方法 ·· 15

2 桃产业竞争力及一二三产业融合的相关概念和理论 ······ 18
  2.1 概念界定 ·· 18
  2.2 理论基础 ·· 21

3 河北省桃产业及其一二三产业融合发展现状 ··············· 27
  3.1 我国桃产业发展现状 ······································ 27
  3.2 河北省桃产业发展现状 ·································· 30
  3.3 河北省桃产业一二三产业融合发展现状 ········ 44
  3.4 顺平县桃产业与旅游产业融合发展现状 ········ 46

第二篇 河北省桃产业竞争力研究

4 河北省桃产业竞争力实证分析 ………………………………55
   4.1 显示性指标分析………………………………………55
   4.2 分析性指标分析………………………………………58
   4.3 比较优势指数评价分析………………………………63
   4.4 全国各省（区、市）桃产业系统聚类分析…………71
   4.5 结　论…………………………………………………75

5 河北省桃产业竞争力影响因素分析 ……………………………77
   5.1 构建河北省桃产业影响因素的模型…………………77
   5.2 河北省桃产业竞争力的直接影响因素………………78
   5.3 河北省桃产业竞争力的间接影响因素………………81
   5.4 河北省桃产业竞争力影响因素的灰色关联度分析……95
   5.5 本章小结………………………………………………109

6 提升河北省桃产业竞争力的对策建议 ………………………111
   6.1 加大政府对桃产业的扶持力度………………………111
   6.2 提高果品品质，优化品种结构………………………111
   6.3 降低生产成本，适度规模经营………………………112
   6.4 创新销售模式，加快品牌化建设……………………113
   6.5 延伸产业链条，促进一二三产业融合发展…………113

第三篇　河北省桃产业三产融合发展研究

7　河北省桃产业三产融合模式分析……117
　7.1　区域多产业融合模式……117
　7.2　桃园综合体模式……121
　7.3　电子商务引领模式……127
　7.4　桃园康养模式……132

8　河北省桃产业三产融合模式评价……139
　8.1　河北省桃产业三产融合模式评价指标体系构建……139
　8.2　综合评价和模式选择……146

9　顺平县桃产业和旅游产业融合发展的实证研究……152
　9.1　指标的选取……152
　9.2　桃产业和旅游产业综合发展水平测评法——熵值法……155
　9.3　构建耦合协调模型……157
　9.4　桃产业和旅游产业耦合协调度测算……159
　9.5　结果分析……161

10　顺平县桃产业与旅游产业融合发展的影响因素研究……166
　10.1　融合影响因素指标选取依据……166
　10.2　融合影响因素指标选取及数据来源……168
　10.3　融合影响因素关联度测算……170

  10.4 结果分析……………………………………………………177
11 促进河北省桃产业三产融合的对策建议……………………179
  11.1 建设融合发展示范区，推进区域多产业融合模式…………179
  11.2 培育新型农业经营主体，重视桃加工业发展………………180
  11.3 加快全产业链要素融合，拓展桃产业的多功能性…………180
  11.4 打造桃文化旅游品牌，鼓励桃园综合体建设………………181
  11.5 加强风险管理，搭建产业融合发展智能服务平台…………181

参考文献………………………………………………………………183
附　　录………………………………………………………………190
后　　记………………………………………………………………199

第一篇

基础篇

1 引言

1.1 研究背景及研究意义

1.1.1 研究背景

近年来，我国始终将农业发展放在首位，对"三农"问题高度重视，中央一号文件更是发布了一系列操作性强、现实性强的农业政策，不断完善农业的支持保护体系，加快农业科技的创新，转变农业增长方式。2019年，河北省农业农村厅指出农业产业将坚持分类分层施策，果品产业重点提升品质和培育区域特色拳头产品，扩大优质苹果、桃等果品高质量发展。

我国桃的种植面积和产量均居世界首位。河北省是我国传统的桃产区，光照、降水、土壤等自然条件适合桃树的栽培，2020年河北省的桃产量达到116万吨，占全国产量的8.73%，桃种植面积8.7万公顷，占全国的9.8%。从桃种植面积和产量上来看，河北省次于山东省、河南省，居全国第三位。从桃的单产来看，2020年河北省桃的单产为13.4吨/公顷，居全国第九位。近年来，河北省桃产业发展较快，产业化水平不断提高，但是相对于山东、江苏、安徽、上海、北京等省（市），河北省桃产业的投入大、产量高、收益低，桃产业竞争力相对薄弱。

《国务院关于促进乡村产业振兴的指导意见》（国发〔2019〕12

号）中指出，产业兴旺是乡村振兴的重要基础，一二三产业融合发展是产业兴旺的重要路径。河北省桃产业一二三产业融合发展相对较早，比如顺平县自 2000 年至 2020 年已经连续举办了 21 届桃花节，观光游客从首届的 3 万人次增加到 100 万人次左右。桃花节举办期间，开展多种特色文化活动，加大宣传力度，打响了顺平桃花节的名气，带动当地及周边经济发展，增加了农民收入。但河北省桃产业一二三产业融合目前仍然处在初级融合阶段，产业融合度不高，产业融合成效不显著，产业融合模式处于探索阶段，桃生产、加工、销售、服务等环节相互脱节。

本研究基于河北省桃产业发展的现状，着眼当前，与国内其他产桃大省进行对比研究，分析河北省桃产业的竞争力及竞争力的影响因素，提出提升河北省桃产业生产环节竞争力的对策建议。放眼未来，本研究探索河北省桃产业三产融合模式，运用顺平县桃旅融合的典型案例，实证研究其产业融合度，并提出促进河北省桃产业一二三产业深度融合的对策建议。

1.1.2 研究意义

本研究基于河北省桃产业发展的现状，系统分析河北省桃产业竞争力，研究河北省桃产业一二三产业融合模式及融合度，提出提升河北省桃产业竞争力、促进河北省桃产业三产深度融合的对策建议。

（1）理论意义

第一，运用显性指标、分析性指标、综合比较优势指标、聚类分析、灰色关联度分析等方法，从竞争力角度对河北省桃产业进行定性和定量分析，并进一步分析河北省桃产业竞争力的影响因素，对于丰富河北省桃产业竞争力的实证研究成果具有重要意义。

第二，对目前河北省桃产业三产融合发展的四种模式进行总结和分析，运用模型分析法对目前河北省桃产业三产融合模式进行评价，分析目前河北省桃产业发展较好的三产融合模式，丰富了河北省桃产业三产融合的相关理论研究成果。

第三，运用熵权—耦合协调度模型分别测算顺平县桃产业与旅游产业系统的综合评价指数、耦合度与耦合协调度、同步性的时序变化规律，并运用灰色关联分析法来测算桃产业与旅游产业融合发展的影响因素，丰富了区域特色产业两产业融合度实证研究成果。

（2）实践意义

第一，河北省作为产桃大省，竞争力主要依靠产量上的优势，桃产品的销售价格偏低、产业链整体收益低，难以与北京平谷等名优产区在全国市场上竞争，本研究分析河北省桃产业的竞争力及其影响因素，对于提升河北省桃产业竞争力具有重要作用。

第二，总结分析河北省桃产业现有的四种三产融合模式，并对四种三产融合模式进行评价，分析更适合河北省桃产业发展的三产融合模式，对于优化河北省桃产业结构、促进桃产业功能拓展、延伸桃产业链具有重要意义，有助于河北省桃产业融合发展综合效益的提升。

第三，测算顺平县桃产业和旅游产业耦合度与耦合协调度的时序变化规律，并对其影响因素的各个指标进行排序，对于促进顺平县桃产业与旅游产业深度融合发展具有指导意义，对于其他地区产业融合发展具有参考价值。

第四，提出提升河北省桃产业竞争力以及促进河北省桃产业一二三产业深度融合的对策建议，对于政府制定桃产业及果品产业的相关政策具有参考价值，对于提高桃产业经济效益、实现桃农增收，促进河北省桃产业的高质量、健康可持续发展，促进河北省桃产业兴旺、促进乡村振兴具有现实指导意义。

1.2 国内外研究现状综述

1.2.1 国外相关研究

(1) 产业竞争力相关研究

国外关于产业竞争力的理论研究和实证研究相对比较成熟，并且有很多具有代表性的文献。迈克尔·波特（2005）的《国家竞争优势》系统地论述了产业竞争力优势，并从要素驱动阶段、投资驱动阶段、创新驱动阶段和财富驱动阶段四个层面提出了产业竞争力的四阶段说。Beaudreau（2016）认为国际贸易中应该将比较优势理论和竞争优势理论结合起来，提出了竞争优势更注重"如何发展优势的方法"，而比较优势理论侧重于"是什么"，二者是相辅相成的，具有互补性。Hojdik（2020）利用市场份额、集中度 CR3、CR5、CR10 和赫芬达尔指数等相关指标分析了汽车工业的集中度，以解释斯洛伐克经济背景下的行业竞争力。

(2) 农业产业竞争力相关研究

国外关于农业产业竞争力的研究开始较早，研究成果丰富。Fernandez 等（2019）通过实证分析评估南美国家在大豆相关产品出口市场的竞争力和比较优势，发现在巴西占据主导地位的市场份额中，玻利维亚和巴拉圭等市场份额较小的出口国的竞争力稳步提高，玻利维亚的比较优势从原始产品转向高附加值加工产品，而巴拉圭是比较优势指标最高的国家，但玻利维亚大豆和大豆油的比较优势非常高。Bao（2015）根据产业发展阶段提出了动态钻石模型，并将动态钻石模型应用于高端农业发展的理论分析和实证研究。Hoang 等（2017）使用显示性竞争优势指数评价了越南的静态与动态农业竞争力，并指出贸易竞争力指标的动态评价包括 OLS 回归、马尔可夫矩阵和趋势分析法三种方式。Sarker 等（2014）通过分析竞争力的影响因素揭示了加拿大小麦、牛肉和猪肉行业的比较优势，并分析了各因素对产业竞争力的影响。Saqib 等（2018）在计算 10 个世界主要大米出口国 2003—2016 年的显示性比较优势指数基础上，运用引力模型测算了巴基斯坦大米在国际市场上的竞争力，试图找出巴基斯坦大米出口到 144 个国家的潜力。

（3）对产业融合概念界定的研究

"产业融合"这一词的提出，最早出现在马克思和马歇尔的研究中，但当时并没有被过多的关注。直到 20 世纪 70 年代，伴随着技术的变革与扩散，产业融合这一新特征和趋势才越来越受到经济学界的广泛关注和重视。Saltzstein 等（1963）是首位对产业融合这一概念进行界定的，他认为一项技术创新出现在某一产业后，逐渐向其他产业进行扩散渗透，使得产业间共享技术的现象就是产业融合。Neuwirth（2015）指出产业融合是科技、产业和市场三个层面的融合发展。Kim 等（2015）研究了美国第二产业的融合发展趋势和路径，依据对海量非结构化数据的同一性分析，预测随时间的变化，会加剧行业的融合发展，并且产业内增速会高于行业间平均增速。由此可见，科技发展是产业融合的强大助推力，产业融合是市场各经营主体之间多层次、非静态的融合。

（4）对产业融合动因的研究

Lei（2000）认为技术创新为产业间提供了共通共享的技术基础，进而影响和改变其他产业产品的开发、竞争和价值创造过程。澳大利亚融合报告（2000）认为产业融合的根本动因是消费者产业的各种需求和市场的需求。Thomas（2002）认为产业融合产生的原因是市场供给。驱动产业融合的因素有交易成本的降低、信息化发展迅速、管理的简单化、服务业的发展等。Shmrma（2017）认为互联网技术的兴起，拓宽了人们获取的信息渠道，降低了整个社会的沟通成本，能够更好地使产业间进行融合。

（5）对产业融合模式的研究

Bloom 等（2001）将产业融合划分为需求替代性、需求互补性、供给替代性、供给互补性等四种产业融合模式。Brock（2015）认为产业融合通常要经历技术磨合、产品和服务业融合、客户市场融合三段过程，最终以消费市场为导向。Jeong 等（2015）指出三产融合有三个关键阶段，第一阶段是由外部因子所刺激时段，第二阶段是产业间自发催生融合时段，第三阶段是已有的产品与业务关联性较强的市场成熟化阶段。

（6）关于一二三产业融合的研究

由于国外人口、地理及政治环境的不同，国外学者对一二三产业融合问题并没有过多的研究，国外的研究主要集中在亚洲地区。"一二三产业融合"概念的提出最早可追溯到日本今村奈良臣（1996）的"六次产业化"，将产业单一环节延伸为完整产业链，通过产业融合，形成集产、加、销、服于一体化的产业价值链。Song 等（2016）指出，人口增长、社会发展也会从不同方面来促进农村一二三产业融合。之后，韩国以农村居民为基础，根据农村存在的有形和无形的资源提出"六次产业"，法国则是基于农业合作社来建立的农村一二三产业融合。Kim（2019）则指出农村一二三产业融合的关键是要促进农业与乡村旅游的融合，来发挥农业的多功能性。

1.2.2 国内相关研究

（1）桃产业相关研究

国内对桃的研究主要集中在生产技术角度，有关产业化相关经济研究相对有限。李雄伟（2013）进行了桃种质资源群体遗传分析及果实数字基因表达谱构建。曾文芳等（2017）发现软溶质桃会在采后迅速变软，硬溶质桃则能保持较高的硬度，但成熟后会软化，不溶质桃成熟后不变软，且果实具有韧性和弹性；硬质桃的乙烯释放量很少，硬度高于溶质桃。张继伟等（2018）发现多数桃果实表面常有茸毛，由表皮细胞分化而成，可以使果实免受胁迫，既可以在光照强度较高时保护果实，也可以避免果实受到病虫害的侵害。

我国桃产业的研究偏重于对桃产业整体的研究。姜全（2020）阐述了中国桃产业的发展变化情况，包括桃的品种、栽培模式、栽培技术等方面。针对现代桃产业发展的趋势，提出了发展对策，重点在提高劳动生产率、进行安全生产，创新现代果园生产技术，健全全渠道销售模式等方面下功夫。王力荣（2021）总结了近年来我国桃产业发展取得的成就，同时从经营模式、品种同质化、苗木质量、农药化肥使用、劳动力成本以及风味品质等方面分析了存在的问题，并提出了今后发展建议，以期为我国桃产业健康发展提供支撑。

区域层面的对桃产业的研究仍以定性分析为主，张斌斌等（2021）、杨玉等（2020）、马永青等（2014）对区域桃产业的现状进行描述性分析，并进行问题对策的研究。近年来，从各方面对桃产业进行定量的研究也逐渐增多。刘威（2016）从"互联网+现代农业"角度切入，通过对北京市平谷区大桃产业发展现状进行分析，为平谷大桃产业提出发展互联网众筹营销模式的建议。张旭等（2012）以农户意愿为研究切入点，运用 Logistic 模型对影响农户种植意愿的因素进行了定量分析，为桃产业对农户的技术服务和政策制定提供了科学依据。杨耀辉（2017）在全面调查河北省桃主要产区产业发展的现状，分析产业发展的技术需求的基础上，提出了建立健全种质创新体系、完善标准化生产技术和技术推广体系、开发适合桃产业化生产的机械、整合资源实现产业化经营的发展对策。

（2）农业产业竞争力相关研究

近年来，我国学者对农业产业竞争力进行了大量研究，主要集中在产业竞争力、评价指标体系、评价方法等方面，主要涉及水产畜牧、粮食作物、经济作物、果品等多个领域。

从国际竞争力角度进行的农业产业竞争力研究相对较多，大多利用量化指标评价产业国际竞争力。张心雨（2017）通过运用"钻石模型"深入分析影响我国农产品国际竞争力的因素，挖掘农产品贸易潜力，为提高我国农产品竞争优势提出合理建议。张玉梅（2016）对比中日两国的水产品国际竞争力发现日本水产企业更重视水产品的科技和市场，因此在国际市场上日本水产品在质量上更胜一筹。满力帅（2019）分析了我国和巴西农产品贸易发展的现状，研讨了两国农产品贸易发展过程中存在的一些问题，先定性后定量地分析了中国和巴西农产品贸易的影响因素，最后从国家、行业和企业三个层面提出了促进两国农产品贸易发展的策略。刘琦（2019）分别用显示性竞争优势指数和市场渗透率指数对中南半岛地区稻米的进出口贸易进行分析，发现中南半岛地区稻米对于中国市场而言，具有极强的出口竞争力，中国进口的稻米中75%以上来自中南半岛地区。

从区域竞争力角度展开的研究也很多，主要集中在粮食作物、经济作物方面。龚大鑫（2012）研究了特色农产品供应链在竞争力中的作用以及影响甘肃特色农业竞争力的因素，并构建了一个逻辑模型解释区域特色农业竞争力形成机理。马庆庆（2019）从种植、加工、流通和贸易等方面概述了河南省玉米产业发展的基本情况，通过实证研究探析了河南省玉米产业竞争力发展中存在的问题及原因，并提出了促进河南省玉米产业竞争力提升的对策建议。朱智强（2021）从产业规模化策略、质量保障策略和政府支持策略三个方面分析了继续维持山东蔬菜产业竞争力的可持续发展策略。

（3）果品竞争力相关研究

关于果品产业竞争力的研究主要集中在以某一种或某几种果品为对象进行深入研究，从国际竞争力角度进行的果品产业研究相对较多，大多采用量化指标来评价某一产业的国际竞争力。胡友（2014）从水果价格波动入手，对影响其波动的相关因素进行了系统分析，并构建生存分析模型，提出调控价格的有关建议和措施。吕霜竹（2013）对中国苹果出口欧盟市场的竞争力进行了研究。何劲

（2013）对农业投入品价格变动对柑橘国际竞争力的影响结果及其影响机理进行分析。

有关果品产业各省（区）区域竞争力方面的研究，主要集中在苹果、柑橘上。戎陆庆等（2017）通过构建灰色 GM 模型对广西的冷链物流情况进行了分析，并提出了提高产业竞争力的有关建议。于冠男（2009）分析了提升陕西苹果产业竞争力的对策。

（4）桃产业竞争力相关研究

关于桃产业竞争力的研究，主要针对我国桃产业的国际竞争力进行了研究。王举兵（2017）结合联合国粮食及农业组织数据库统计数据，从生产、贸易两方面比较中国与其他主要桃生产国的竞争力。通过对各国桃生产面积、产量、国际市场占有率（MS）和净出口竞争力指数（NTB）等数据进行比较分析，认为中国桃产业贸易国际竞争力弱，近年有所增长。另外，对于区域桃产业竞争力的研究，由于各省的统计数据有限，大多只能通过调研数据来进行比较分析，因而区域桃产业竞争力的研究大多是依据调研数据进行的某个具体产地的竞争力分析。李帆（2016）结合自然、政府、技术和市场因素等影响因素对甘肃省天水市秦安县蜜桃产业进行总结与归纳。在此基础上对秦安县蜜桃产业进行收益、区位商和价格等市场竞争力的实证分析。彭景美等（2021）运用区位商（LQ）、集中系数（CC）、效率优势指数（EAI）和规模优势指数（SAI）对山东省临沂市桃产业集群发展现状、集中度进行分析，并同其他桃主产区发展状况进行比较，发现临沂市桃产业集群竞争力开始下降。

（5）一二三产业融合概念界定的研究

陈晓华（2015）指出一二三产业融合发展是以一产为基础，以产业化经营为引领，以利益联结为纽带，通过产业间联系发展、要素间集中聚集、技术创新渗透、体制创新改革，促进一产产前、产中、产后以及三产各环节的有机融合，实现农业产业链的延伸、价值链的跃升、功能的拓展、多主体的共赢，让农民参与二三产业、分享增值收益。刘永焕（2020）研究了农村一二三产业融合与农民收入增加的利益关系，将农村一二三产业融合的实质判定为让原始产品提升价值，从而让农民从中受益更多。刘国斌等（2019）认为，农村一二三产业融合是依靠二三产业，将有利的基础资源要素向农业引入并重新分配的过程。

（6）一二三产业融合模式的研究

李玲玲等（2018）指出通过对农村产业资金配置、优化投入结构，可以促进农村经济迅速发展。陈红霞等（2020）采用定性比较分析方法探析不同变量的不同组合对村镇产业融合的影响，研究显示村镇产业融合较好的案例可以划分为优势产业带动型、经营主体引领型、要素均衡发展型、生产要素利用型，分别具有不同发展特征和发展机制。欧阳胜（2017）总结出农旅一体化带动型、纵向一体化延伸型、基层党组织引领型和电商平台助推型等四种典型的三产融合模式，并对各种模式的内涵及特征进行了深入分析，从而构筑农村一二三产业融合发展的可行之路。谭明交（2016）分析了龙山"靠山吃山，靠水吃水"推行的典型经验与模式，梳理了农业产业链延伸型融合模式、农业与其他产业交叉型融合模式、先进技术要素对农业产业渗透型融合模式。盛瑛莺等（2018）以浙江省为例，围绕农村电商和农村产业融合，研究梳理了三种模式，以茶树坪村的高山大米为例的一三产融合模式、以白牛村山核桃为例的二三产融合模式、以义马村的蚕丝被为例的一二三产融合模式。王颜齐（2018）以黑龙江省农民专业合作社为案例，总结农民专业合作社一二三产业融合发展的三种模式，分别是农业主体融合模式、产业链条融合模式、经营业态融合模式。

（7）产业融合程度测算方法的研究

王亚芳（2019）使用熵权—耦合协调度模型测算金融与旅游系统的耦合度与耦合协调度，并通过其各项指标体系的时序变化规律来分析两产业融合情况，根据耦合协调度的结果来测算金融和旅游产业融合发展的影响因素，构建其融合影响因素评价指标体系，用灰色关联分析法测算各项指标与耦合协调度之间的关联性强弱，并提出相应的建议。梁树广等（2017）也采用了灰色关联分析方法，通过分析农业与工业、服务业中的细分行业的关联度，进而分析农业和其他产业的融合度。李治等（2019）以北京市为例，运用熵值法构建了农村一二三产业融合的评价体系。杨怀东等（2020）则对某地区的农村一二三产业融合指标体系进行熵值法和耦合协调度的测算。杜媛媛（2016）运用耦合协调分析法测算了东部沿海旅游产业与经济的耦合协调度，并在其增强增长极和提高两产业发展水平方面提出建议。赵俊远等（2019）通过耦合协调模型分析了信阳市茶产业和旅游产业之间的融合程度，提出了夯实产业发展基础、政策发展落实等相关建议。

（8）一二三产业融合存在问题及对策的研究

芦千文等（2016）指出目前我国农村一二三产业融合发展的主要问题有四个，一是目前我国产业融合整体上仍然处于初级阶段，融合水平较低，融合效率低，融合度不高；二是制定与产业融合相关的法律规章制度较少，法制体系不完善；三是融合主体发展水平较低，没有真正起到示范带头作用；四是缺少具有示范带动作用的典型融合项目。朱信凯等（2017）指出产业融合过程中农民未能成为直接受益者，只分享了增值收益的极小部分。产生借贷需求时只有少部分倾向于向金融机构借贷，且借贷规模主要为小额贷款，农村一二三产业融合发展中金融支持依然是短板，服务仍显不足。戴春（2016）指出制约农村一二三产业融合的因素有融合主体实力不强，经营理念传统，缺乏创新意识；农业发展水平较低，更多的只是从事传统的种植；农业基础设施建设不完善；农业信息化不畅通。

赵海（2015）指出日本政府推进的"六次产业化"的经验值得借鉴。邱天朝（2016）指出在产业融合过程中，要有完善的用地制度，保障土地的可利用；要拓宽产业融合服务渠道；要加大政府支持力度，引导更多的社会资本向产业融合投入。刘明国（2015）指出，对一二三产业融合的必要性要有深刻的认识；要防止探讨走"书面"道路，不能从实际出发，进行实践研究发展；要依据中国的特色农村这一特点，走出特色农村一二三产业融合发展道路。戴春（2016）认为，发展一二三产业融合最核心的动力是降低交易成本，最关键的动力则是创新。

（9）桃产业融合的相关研究

熊琳（2019）以成都龙泉山"梦里桃乡"为例，通过分析当前桃产业融合现状，总结出产业链延伸和功能拓展两种融合模式。郑科（2020）认为通过创建桃产业农业园区，探索实践"企业+园区+农户"模式，把现代农业园区建设作为推进现代农业发展的重要方式，举办"风口桃花园主题公园"，让游客在采摘中感受乐趣，体验乡村生活，从而推动特色农产品生产、贮藏、加工、销售、餐饮住宿、休闲旅游等综合体发展。潘婧毓（2019）通过对江苏省无锡市阳山镇水蜜桃产业现状进行分析，总结其产业融合模式，并提出促进产业融合的建议。王玉玺（2019）选取四川省苍溪县猕猴桃产业作为研究对象，阐述了农业产业融合与农业产业化的区别和联系，归纳融合发展路径，剖析融合机制，提出建议。

1.2.3 研究述评

国外关于产业竞争力研究较早，体系较为成熟且研究成果较为丰富，有大量文献可供借鉴。产业融合的概念最早由国外学者定义，此后关于产业融合研究体系逐渐发展成熟，一二三产业融合的研究成果大多数在亚洲地区，欧美地区相对较少。

我国关于桃的研究主要集中在生产技术角度，产业化经济研究相对有限。在已有的文献中有一些关于区域桃产业经济方面的研究，区域研究主要以定性分析为主。国内关于农业产业竞争力的研究成果较为丰富，但针对桃产业竞争力的实证研究较少，有以国际视角对中国桃产业竞争力的研究，针对河北省桃产业竞争力研究的文献很少。

虽然我国三产融合发展起步较晚，但由于政府对三产融合的重视，近年来有大量学者对此进行研究，以"旅游产业+"相关研究居多，区域内果品产业三产融合的研究较少，桃产业三产融合的相关研究很少。

1.3 研究内容及方法

1.3.1 研究内容

（1）河北省桃产业及三产融合发展现状分析

分析我国桃产业发展现状及河北省桃产业在全国的地位。从产量、面积、地域分布、品种等生产现状出发，结合消费现状、加工现状、贸易现状，对河北省桃产业一二三产业融合发展现状、顺平县桃产业与旅游产业融合发展现状进行分析。

（2）河北省桃产业竞争力实证分析

基于竞争优势理论和比较优势理论与国内其他各省份进行对比研究，运用显性指标分析河北省桃产业的市场占有率、资源禀赋系数，运用分析性指标对河北省桃产业的价格和成本收益进行分析，运用综合比较优势指标对河北省桃产业竞争力比较优势进行评价，运用聚类分析方法评价河北省桃产业在全国桃产业的竞争地位。

（3）河北省桃产业竞争力影响因素分析

通过构建河北省桃产业竞争力影响因素的钻石模型，从直接、间接影响因素两个层面，分析生产要素、市场需求条件、产业经营主体、相关和支持产业等因素对河北省桃产业竞争力的影响。构建灰色关联度模型对各影响因素进行评价，分析各影响因素对河北省桃产业竞争力影响力的大小。

(4) 河北省桃产业三产融合模式分析

总结分析河北省桃产业现有的桃园综合体模式、区域多产业融合模式、电子商务引领模式和桃园康养模式四种三产融合模式，并通过具有代表性的典型案例对四种模式进行分析。

(5) 河北省桃产业三产融合模式评价

构建评价指标体系，运用专家打分法、模糊层次分析法，分析目前河北省桃产业发展较好的三产融合模式。

(6) 顺平县桃产业和旅游产业融合发展实证研究

运用熵权—耦合协调度模型构建顺平县桃产业和旅游产业融合的系统评价指标体系，实证研究两产业融合的综合评价指数、耦合度和耦合协调度、同步性的时序规律。

(7) 顺平县桃产业与旅游产业融合发展的影响因素分析

以产业融合的动力机制为理论基础，构建产业融合影响因素的评价指标体系，通过灰色关联分析法测算两产业融合发展的影响因素指标排序，并分析造成结果的原因。

(8) 结论与对策建议

在现状分析、竞争力实证研究、竞争力影响因素研究、三产融合模式分析及评价、顺平县桃产业与旅游产业融合发展实证研究的基础上，提出提升河北省桃产业竞争力及促进河北省桃产业三产融合发展的对策建议。

1.3.2 研究方法

(1) 文献研究法

检索有关河北省桃产业竞争力的相关资料，河北省桃产业三产融合的相关资料及顺平县桃产业和旅游产业发展相关资料等。

(2) 调查研究法

设计调查问卷，选取河北省桃产业主产区进行实地调研和访谈，搜集河北省桃产业竞争力的相关数据、河北省桃产业三产融合的数据及顺平县桃产业和旅游产业发展相关数据等。

（3）计量分析法

第一，使用显性指标、分析性指标、综合比较优势指标、聚类分析、钻石模型、灰色关联理论等方法，构建多个计量模型，对河北省桃产业竞争力及其影响因素进行计量分析。第二，构建河北省桃产业三产融合模式评价指标体系，运用模糊层次分析法对河北省桃产业三产融合模式进行综合评价。第三，运用熵权—耦合协调度模型和灰色关联分析法，使用 Excel、SPSS 统计模型软件，测算桃产业与旅游产业耦合度与耦合协调度的时序变化规律及融合的影响因素，通过灰色关联分析法对不同指标进行排序。

（4）案例分析法

选取顺平县、亚滦湾国家农业公园、深州市、石家庄·桃李春风小镇等案例进行桃产业三产融合典型模式分析；以顺平县为典型案例，对顺平县桃产业与旅游产业融合发展现状进行系统分析。

1.3.3 创新点

一是依据产业竞争力相关理论，运用显示指标、分析性指标、综合比较优势指标分析河北省桃产业竞争力，并对各省份竞争力进行了聚类分析，对河北省桃产业竞争力进行了量化评价。

二是总结分析河北省桃产业现有的区域多产业融合模式、桃园综合体模式、电子商务引领模式和桃园康养模式四种三产融合模式，对四种三产融合模式进行分析评价。

三是选取河北省桃的主产区顺平县为研究对象，借助熵权—耦合协调度模型分析桃产业与旅游产业耦合度与耦合协调度的时序变化规律，并测算各影响因素指标与耦合协调度之间的关联度。

2 桃产业竞争力及一二三产业融合的相关概念和理论

2.1 概念界定

2.1.1 桃产业的基本概念

"产业"是指从事提供相同和相似产品（或服务）的物质生产企业及其所生产的物质产品所构成的集合，包括农业、工业、交通运输业等。作为经济学的概念，产业具有广义和狭义之分。从广义上讲，产业是指生产、流通、服务、文教卫生业等国民经济的各个阶段；狭义上，产业有时专指工业部门。产业经济学中所研究的产业是广义上的产业，泛指国民经济的所有行业。我国将产业划分为一二三产业，第一产业为农业，第二产业为工业，第三产业为流通和服务两部分。

桃产业指从事有关桃产品生产和服务的经济活动的集合。广义上讲，桃产业是指桃的生产、加工、流通、贸易、消费等一系列经济活动，包括桃种植业、桃加工业、桃流通业、桃贸易业和桃消费业。狭义上看，桃产业指桃种植产业，以桃种植为中心，开展的育苗育种、桃果种植、技术服务、鲜果储藏、果品加工、产品销售、旅游观光等生产服务活动的集合。

2.1.2 产业竞争力

竞争力是指竞争主体通过与其他参与者相比较所具有的综合能力，并且是在某些资源上与其他行为主体竞争的能力。竞争力是一个比较的概念，其研究对象可以是国家、产业、企业，由于研究的复杂性使得学术界难以形成一个统一的定义，因此不同研究对象和研究内容的竞争力被赋予了不同的含义。经济与合作发展组织（OECD）基于国家层面界定了竞争力的定义："面对国际竞争，企业、行业、地区、国家或超国家地区都从基于可持续发展的支持中受益，以实现更高水平的要素投入水平和要素利用水平的能力。"

产业竞争力是某些国家（地区）的某个特定产业与其他国家（地区）相比具有较高的生产效率，并且比其他国家（地区）具有满足市场需求、持续盈利的能力。产业竞争力的内涵包括两个基本问题：一个是比较的内容，另一个是比较的范围。产业竞争力比较的内容是产业竞争优势，而产业竞争优势最终体现于产品、企业及产业最终实现市场的能力上，是产业的比较生产力。产业竞争力比较的范围是国家或地区，是一个区域的概念。

河北省桃产业竞争力是指在全国市场上，河北的桃产业提供好的产品和服务，并获得比其他省份桃产业更多利润的能力。

2.1.3 区域竞争力

区域竞争力是指区域内各经济主体在竞争的过程中与其他区域竞争的能力，主要体现在资源配置上所具有的吸引整合资源、创造财富和争夺市场的能力，以及通过对现有资源合理配置，保持本区域经济持续发展的能力，是区域经济在长期发展中形成的竞争优势，使整个区域保持长期稳定发展，是实现有效资源配置的区域自我发展和组织能力，并且具有稀缺性、长期性和独特性。

区域竞争力体现了某一地区的经济、科技、文化、环境和居民素质的整体水平。区域竞争力分析是指对某一地区进行区域发展问题的分析与评估，并提出提升区域竞争力的对策和建议，为区域经济决策提供思路。区域竞争力的核心是创造竞争优势，是否具有竞争优势将直接影响着该区经济的承受能力和发展前景。

2.1.4 一二三产业融合

一二三产业融合是以一产为基础，利用产业联动、企业集聚、技术渗透等方式联结第二、第三产业，逐步形成一个市场活跃，机制健康，资本雄厚，高新技术不断创新、不断互通的一二三产业融合新型业态，指不同行业或同一行业内不同产业之间相互包容、相互渗透、相互重组的一个动态发展过程，是从内部向外部的融合，延伸产业链结构，健全产业经营机制，实现各经营主体之间的互惠共赢。一二三产业融合发展是打破原来生产、加工、服务的分散、脱节、独立的产业发展状态，加入创新方式，完善利益联结机制，实现融合主体间互利共赢，生产、加工、服务间的环环相扣，使一产、二产、三产共同发展。"三产融合"是"一二三产业融合"的简称。

2.1.5 耦合与融合

"耦合"为物理学名词，指原本具有两个独立的运动状态物体，逐渐变成相互促进、相互融合的状态，随着各个学科之间不断交叉和完善，学者的研究能力增强，"耦合"已从物理学领域延伸应用到各个学科。将耦合放到不同的学科领域中，其含义和意义要根据所在的领域来定义，但是其实际意义不变，都是不同的研究目标经过不断的影响而融合。一般将耦合分为三种含义：两个或多个表面上似乎不相关的运动模式或系统实质上以一种特殊的关系共存；这种特殊的共存关系指相互作用或制约；虽然两个或多个具有共存关系的系统的性质不同，但不同的组件相互作用，可以通过它们的依赖关系或外部力量来统一。

测算两个系统的协调发展的状况可以用"耦合度"和"耦合协调度"这两个指标评价，"耦合度"具有一定的局限性，它只能反映两个系统之间的关联程度，即两个系统关联性的强弱程度，无法反映两个良性耦合的系统的耦合效果，这时就需要引入"耦合协调度"指标来衡量两个系统协调发展、相互配合的程度。本书通过测量顺平县桃产业与旅游产业的耦合度和耦合协调度来测算两产业的融合发展程度。

产业耦合不仅是各类产业在知识、技术等方面的融合与共享，它还是技术创新、产品设计、生产要素等全面的合作与彼此影响。产业融合指的是相同的产业或不同的产业内的各行业彼此交叉、渗透、融合在一起，形成一个新产业的发展过程。与产业融合相比，产业耦合的范围更大。当不同的产业彼此耦合在一起后，之前不同产业具有的边界并未因技术融合而消失，虽然产业实现了耦合，但它们的独立性并未消失，之前的竞争环境一直存在着，可以说产业耦合是产业融合的基础，只有完成产业耦合后才可能完成产业融合。

2.2 理论基础

2.2.1 产业组织理论

产业组织指同行业内各企业之间的关系。美国哈佛大学经济学家乔·贝恩（Joe Bain）于20世纪50年代在《产业组织》中首次提出了产业组织理论相关概念，来研究不完全竞争市场的市场结构、市场行为、市场绩效及其内部联系，揭示了产业组织的内在固有规律性。现代产业组织理论的三个基本范畴是市场结构、市场行为和市场成果，提出了产业组织理论著名的"结构—行为—绩效"（structure-conduct-performance，简称 SCP）分析范式。根据这个理论，垄断企业往往倾向于提高价格、设置障碍，以谋取垄断利润，因而垄断往往会阻碍技术进步，导致资源配置效率低下；在这种情况下，想要获得市场绩效，就必须依靠公共政策协调和完善市场结构，制约垄断发展，保持适度的市场竞争。20 世纪 70 年代，芝加哥大学的斯蒂格勒（J. Stigler）认为应该使用完全竞争理论而不是垄断竞争理论来分析产业组织问题，并提倡放松管制政策。20 世纪 80 年代，新产业组织理论认为，企业的适度边界取决于技术、交易费用、组织费用等因素共同作用。

产业组织理论的基本体系由市场结构、市场行为和市场绩效三部分和政府的产业政策构成。各部分相互作用，市场供求环境形成市场结构，市场结构制约着市场行为，市场行为决定市场绩效，同时市场绩效反向影响着市场结构。①市场结构。市场结构是指构成市场的卖方之间、买方之间、卖方和买方之间关系的因素和特征，包括市场的组织特征和各企业在该行业的占有率。1933 年，《不完全竞争市场理论》中划分了四个基本的市场结构，即完全竞争、完全垄断、垄断竞争、寡头垄断。决定市场结构的主要因素包括集中度、产品差异化、市场准入壁垒和市场退出壁垒等。②市场行为。市场行为是指企业为达到既定目标而在市场上所采取的战略性经营行为。企业的市场行为包括价格行为、非价格行为、组织调整行为。③市场绩效。市场绩效定义为在特定的市场结构中，通过特定市场行为实现的价格、产量、成本、效益、质量、品种和技术进步的最终经济效果，也就是指通过特定市场结构和市场行为最终实现的市场运行的效果。衡量市场绩效的指标包括盈利能力、莱纳指数和贝恩指数等。

2.2.2 比较优势理论

大卫·李嘉图在《政治经济学及赋税原理》中提出了比较优势理

论，在更普遍的基础上解释了贸易产生的基础和贸易利得，用国家之间劳动生产率的差异解释了两个国家间的贸易模式，用产品生产时投入时间的差异反映不同的劳动生产率，大大发展了亚当·斯密的绝对优势贸易理论。认为国际贸易的基础是生产技术的相对差异，以及由此产生的相对成本的差别，每个国家都应根据"两利相权取其重，两弊相权取其轻"的原则，以集中生产为基础，出口具有"比较优势"的产品，进口具有"比较劣势"的产品。大卫·李嘉图的比较优势理论分为外生比较优势理论和内生比较优势理论两大类。外生比较优势理论是以由于国家之间外生条件的差别所带来的国家贸易优势，以外生的技术和资源禀赋差异的事前给定的差别为基础，主要包括李嘉图的外生技术比较优势说和赫克歇尔-俄林的资源禀赋理论（简称H-O模型）。

近年来，学者尝试从更多角度来分析比较优势，在规模经济、产品差异等理论基础上，从专业化、技术差异、制度、博弈以及演化等不同的角度对比较优势理论进行了发展。研究上更多地使用机会成本的大小来体现生产率的差别，如果国家两种产品生产率都高，应生产劳动生产率更高的产品，另一个国家则应生产生产率水平差距相对较小的产品。

2.2.3 竞争优势理论

竞争优势是竞争者在某方面具有的某些特征。美国著名战略管理学家迈克尔·波特认为在市场结构、产业结构和产业竞争三方面给定的情况下，企业、行业和国家通过采取低成本或差异化等竞争战略，形成"产品差异性竞争优势"。波特的国家竞争优势理论以产业为基础，从微观的生产要素和需求因素以及宏观政府要素综合分析国家竞争优势的各种影响因素。竞争性战略采取进攻性或防守性行动，为企业谋求在行业内的防御地位，从而成功应对各种竞争力量，并为企业争取超额投资回报，这种行业水准之上的绩效表现就是企业可持续的竞争优势的基础。

国家竞争优势理论是由波特所提出来的，并构建了著名的钻石模型（图2-1）体系。波特的"钻石模型"基于生产要素、需求条件、相关支持产业和企业战略、组织结构与竞争对手四个外部因素，以及机遇和政府两个辅助因素，来分析一个国家某个特定产业的竞争力优势。这六个因素相互作用相互影响，构成了一个动态的钻石体系，全面地分析了某个特定产业竞争力强弱的影响因素。在钻石模型中，生产要素是在某个特定产业竞争中关于生产方面的表现，如自然资源、气候条件、地理位置、人力资源、资本等初级生产要素和信息、技术、人力资源等高级生产要素，是竞争力优势的基础决定因素；需求条件是特定产业和产业发展提供的产品或服务的市场需求，是产业发展的动力，包括需求结构、规模、形态、成长和市场能力等；相关和支持产业持久竞争优势的重要因素，单独一个企业甚至单独一个产业很难长期保持竞争优势，通过形成有效的产业集群，形成上游产业和下游相关产业间的良性互动，才能够使产业竞争优势实现长远发展。

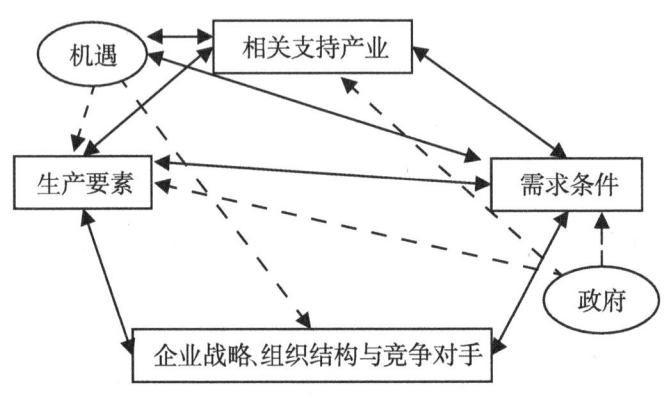

图 2-1 波特的钻石模型

2.2.4 产业融合理论

(1) 分工理论

研究产业融合的最基础理论是分工理论。亚当·斯密在《国富论》中认为,分工与经济增长之间在长期内表现出互为因果的关系。通过分工可以提高劳动生产力,这种分工随着不断地深化可以使生产力不断持久,其影响因素有产业技术等。马克思在批判研究亚当·斯密关于分工理论的基础上进而提出了分工的起源、性质及效率问题,他认为分工协作是能提高劳动力效率的重要原因。阿伦·杨格在《报酬递增与经济进步》中提出了著名的杨格定理,即分工与市场规模互相促进相互影响。

(2) 产业集群

产业集群是指企业为了减少与其关联企业之间的交易成本,因此一些相互关联的企业或机构在特定地域形成了产业空间聚集的现象。弗雷德·马歇尔在研究工业组织时认为分别存在外部规模经济和内部规模经济,其中追求外部规模经济是企业集聚的原因和动力并具备一定的自发性。克鲁格曼分别从外部经济、历史偶然性和市场需求这三个方面阐释了促使产业集聚的原因。

(3) 产业组织理论

产业组织理论是研究产业融合的前提。哈佛学派在20世纪80年代分别对不同产业之间的组成个体及联系进行深入探究,总结出市场结构、行为、绩效之间存在单向因果联系。20世纪60年代,芝加哥学派认为市场结构与市场行为、市场绩效没有直接关系,提出技术和进入自由是其决定因素,特别是进入自由可以保证市场行为最优、市场绩效最好。20世纪70年代,新产业组织学派从企业的战略行为着手,侧重策略性行为的研究,突出强调市场行为的重要性,认为市场结构是决定于技术、需求等基本条件的外生变量。

(4) 产业融合

国外学者最早开始研究产业融合的概念。1978年尼古路庞特（Negrouponte）用3个圆圈代表3种不同的产业，并将3个圆圈相互重叠的部分叫作技术边界，他认为3个圆圈的重叠部分将是发展较快也是突破创新的区域。2001年日本经济学家植草益将产业融合定义通过加强科学水平和创新能力和降低限制来放松行业间的束缚，从而在不同产业竞争的环境中加强合作。对于产业融合之前研究的定义范围适用于信息通信行业，定义较为狭窄，其实产业融合的定义是用于生活中的各个行业。我国学者马健（2002）通过将西方各个学者观点的研究整合后，对产业融合定义为：通过科学水平的提高和创新能力的加强，政府部门对各产业之间的管理力度减弱，不同产业之间发生技术融合，衍生出新的发展业态，其特征与之前产业较为不同，随着时间推移新兴产业具有新的界限。胡金星2007年在对产业融合的内在机制研究中，认为产业融合指的是技术改变和融合过程中产生的经济现象，它体现的是各产业技术的变化使其他产业的价值、产品等发生改变的过程。

2.2.5 系统耦合理论

耦合原本是物理名词，将其运用到经济学中，作为一种计量工具来测量不同产业之间的融合程度。系统耦合理论是指具有两个独立的产业系统，在客观条件复合的状态下相互关联，相互促进，是系统内部的结构功能随着两产业之间不断交叉组合产生变化，最终产生的经济价值要大于两个产业单方面创造的价值总和，这便是紫铜耦合理论。本书研究的桃产业与旅游产业耦合系统，通过选取两产业之间不同的指标，运用模型测算，通过数据体现两产业系统之间的融合程度。

3 河北省桃产业及其一二三产业融合发展现状

3.1 我国桃产业发展现状

中国是世界上最早栽培桃树的国家，已有超过3 000年的种植历史。我国的气候等自然条件适合多种品种的桃树种植，全国的桃品种超过800种，占世界桃品种总数的1/4以上。中国的桃种植面积和产量均居世界首位，2020年桃面积和产量分别为88.997万公顷和1 337.96万吨。2020年，山东（13.4万公顷，320万吨）、河北（8.71万公顷，116.86万吨）、河南（9.045万公顷，148万吨）、湖北（5.36万公顷，70万吨）四个主产省桃种植面积和产量分别占全国的41.03%和48.9%。

3.1.1 种植面积和产量

由图3-1可以看出，2000年以来我国桃树种植面积变化趋势可分为三阶段。第一阶段（2001—2007年），我国桃种植面积由45.225万公顷增长到69.7万公顷，涨幅为54.1%。第二阶段（2008—2017年），桃种植面积从70万公顷增长到84.3万公顷，增长率为20.4%。第三阶段（2018—2020年），由于果园改造，品种更新等原因，桃种植面积有所起伏。

由图3-2可以看出，第一阶段（2001—2015年）我国桃产量呈逐年上升趋势，2001年我国桃产量仅为456万吨，到2015年增长到1 350万吨，增长了196%。第二阶段（2016—2020年）为缓慢增长阶段，从2016年的1 260万吨增长到2020年的1 337万吨，增长了6.11%。

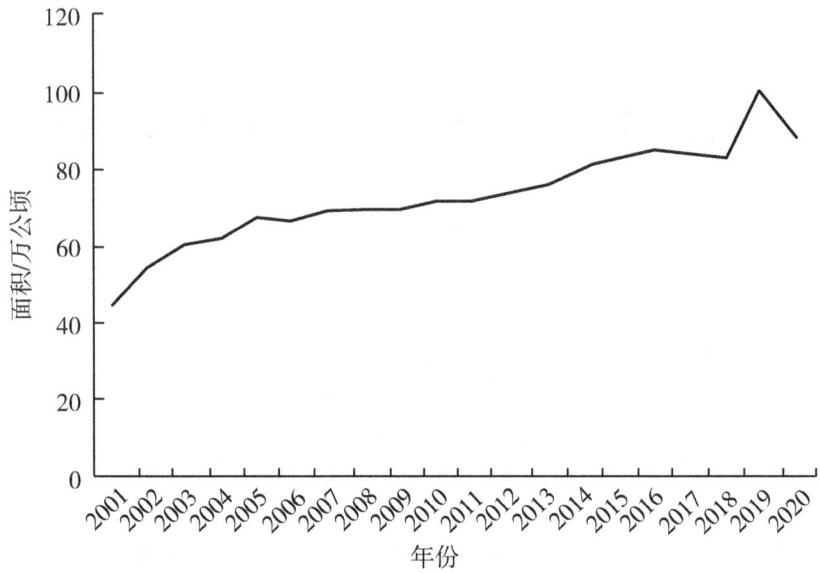

图 3-1　2001—2020 年中国桃种植面积

数据来源：国家统计局《新中国农业 60 年统计资料》。

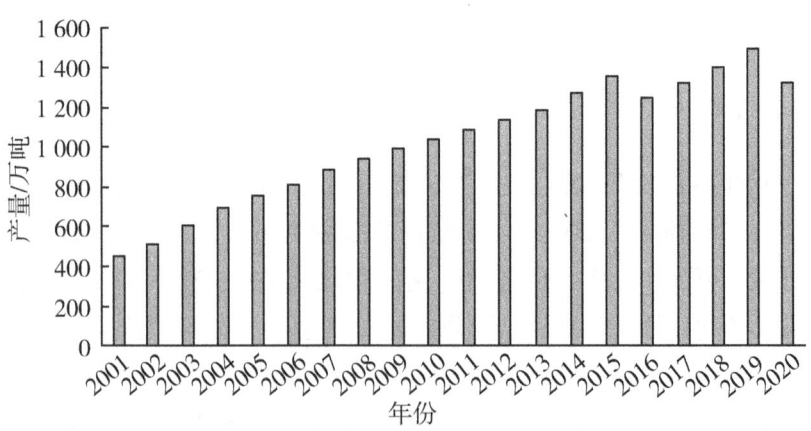

图 3-2　2001—2020 年中国桃产量

数据来源：《中国农业年鉴》（2001—2020）。

第二阶段受种植面积、品质管控等因素的影响,产量比第一阶段略有下降。

3.1.2 产区分布

我国桃种植范围广、品种种类繁多,除黑龙江外,其他各省(区、市)均有桃树种植。栽培区域主要集中在华北、华东地区,山东、河北、河南、湖北、四川、江苏几个省份种植面积相对较大,2019年这几个省份种植规模占全国总规模的49.3%。

由表3-1可以看出,2019年中国主要桃产区桃产量大于150万吨的4个省份分别为山东、河北、河南、安徽,产量分别为330万吨、209万吨、180万吨、153万吨。其中,山东省始终以明显的面积和产量优势占据全国首位,2019年山东桃产量达到全国总产量的24.3%。安徽省近年来桃产业发展迅速,产量由2014年的55.3万吨增长到2019年的153万吨,排名由全国第八位提高到第四位。

表3-1 2014—2019年中国主要桃产区桃产量及其排名

单位:万吨

省(市)	2014年 产量	排名	2015年 产量	排名	2016年 产量	排名	2017年 产量	排名	2018年 产量	排名	2019年 产量	排名
山东	266.5	1	277.5	1	289	1	295	1	317.9	1	330	1
河北	181.8	2	193.2	2	118	3	121	4	127.0	3	209	2
河南	113.2	3	119.3	3	127	2	134	2	141.4	2	180	3
山西	82.3	4	98.4	4	107	4	124	3	124.0	4	135	5
湖北	77.8	5	93.2	5	69	6	71	6	77.3	6	70	9
陕西	72.5	6	75.7	6	69	6	71	6	71.7	8	81	7
江苏	61.4	7	61.7	7	63	8	69	8	74.9	7	75	8
安徽	55.3	8	59.8	8	75	5	86	5	81.6	5	153	4
四川	51.9	9	55.1	9	57	10	57	10	58.8	10	116	6

(续表)

省(市)	2014年 产量	2014年 排名	2015年 产量	2015年 排名	2016年 产量	2016年 排名	2017年 产量	2017年 排名	2018年 产量	2018年 排名	2019年 产量	2019年 排名
辽宁	51.2	10	53.6	10	58	9	64	9	63.1	9	63	10
浙江	39.9	11	42.9	11	42	11	45	11	46.7	11	42	11
北京	36.8	12	34.1	12	33	12	30	12	25.1	12	39	12

数据来源：《中国农业年鉴》（2015—2020）。

3.2 河北省桃产业发展现状

河北省位于华北平原，东部有渤海海湾、西部是太行山脉，靠近京津，四季分明，光照适宜，降水量充足，地形地貌及气候条件优越，是我国传统的五个优势桃产区之一，具有符合桃树生长所需的自然条件。因此，全省大部分县市都有桃树的种植，并形成了多个典型示范产区。

3.2.1 生产现状

（1）种植面积和产量

河北省桃的主要产区集中在衡水市的深州市，保定市的顺平县、满城区，石家庄市的辛集市，唐山市的乐亭县，秦皇岛市的昌黎县，这些产区不但桃的种植面积大、产量高、品质好，而且桃逐渐集中到最适宜地区生产，形成了产业集群优势，产业化和专业化水平不断提升。到2020年年底，河北省桃的种植总面积达到8.71万公顷，居全国第三位，比2019年减少了0.97万公顷；2020年桃产量116.86万吨，在全国排第五位，受春季晚霜冻害影响，桃产量比2019年减少了92.14万吨；2020年平均单产为13.42吨/公顷，相对2019年减少了37.8%。桃产业是河北省重要的水果产业，是河北省特色农业产业之一。综合多年数据分析，可以将河北省桃产业发展分为四个阶段。

第一阶段（1990年之前）：在温饱作为农业重要问题的年代，农民更倾向于种植粮食作物，水果产业只作为农业生产中的副业，因而种植面积比较小、产量很低。

第二阶段（1990—2004年）：农业种植技术走向成熟，农民开始将视线由生产粮食作物转向发展特色农业，林果产业飞速发展。如图3-3所示，2004年种植面积达到历史最高峰10.15万公顷。

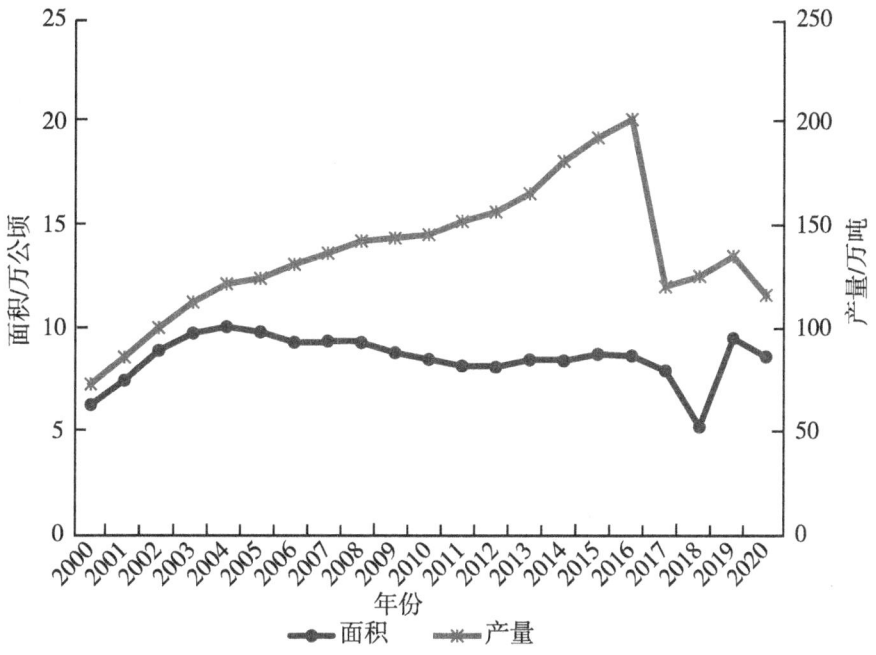

图3-3　2000—2020年河北省桃种植面积和产量

数据来源：河北林业网（http://www.hebly.gov.cn/）。

第三阶段（2005—2010年）：桃园种植面积呈小幅度下降趋势。这主要是因为河北省桃种植业经过数量上的飞速扩张后，产量达到了市场饱和状态，消费者开始追求桃果的品质，劣质桃的销售价格下降，因此劣质桃种植园逐渐淘汰，桃种植面积减少。例如，河北省乐亭县的20万亩（1亩≈667平方米，全书同）露地桃树几乎刨尽，改种设施桃，顺平、辛集、深州、定州、临漳等种桃大县也大量刨树，改良桃品种。

第四阶段（2011—2020年）：桃产业呈现相对平稳发展态势。随着农业种植技术的进步和市场供需的稳定，2011—2016年产量维持在175万吨左右，面积趋于平稳，维持在8万公顷左右（图3-3）。2016—2020年桃产量波动较大，主要受晚霜冻害、果园改造、品种更新等原因的影响。

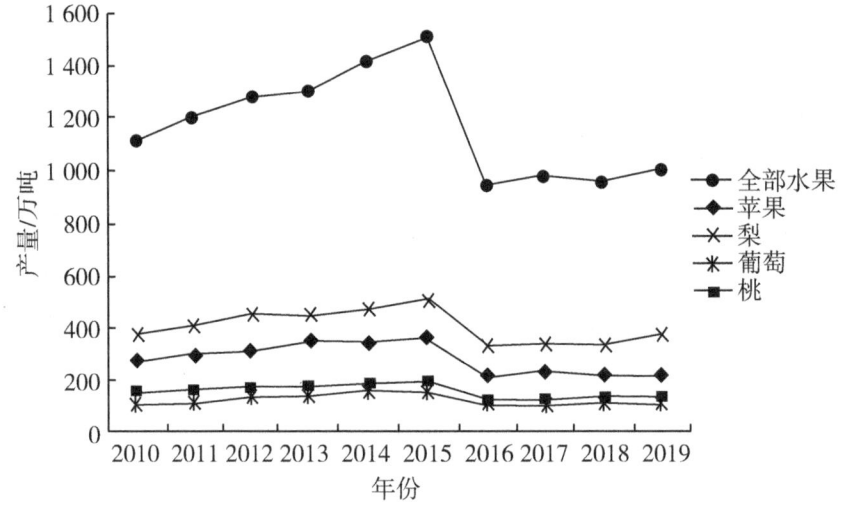

图3-4　2010—2019年河北省主要水果产量

数据来源：河北林业网（http://www.hebly.gov.cn/）。

通过分析图3-4和图3-5发现，近几年河北省水果产业发展继续保持高速，到2019年水果总产量达到1 004万吨，比2010年下降了9.63%。同时，作为河北省主要水果品种的梨、苹果、桃、葡萄四种水果，2019年产量之和达到839万吨，占河北省水果总产量的83.57%。其中，桃的产量仅次于梨和苹果，是河北省产量居第三位的水果。

从全国范围来看，河北省桃产业在全国占有重要地位，是我国桃产品的主要产区。由表3-2和图3-6可以得出，2013—2015年河

第一篇 基础篇

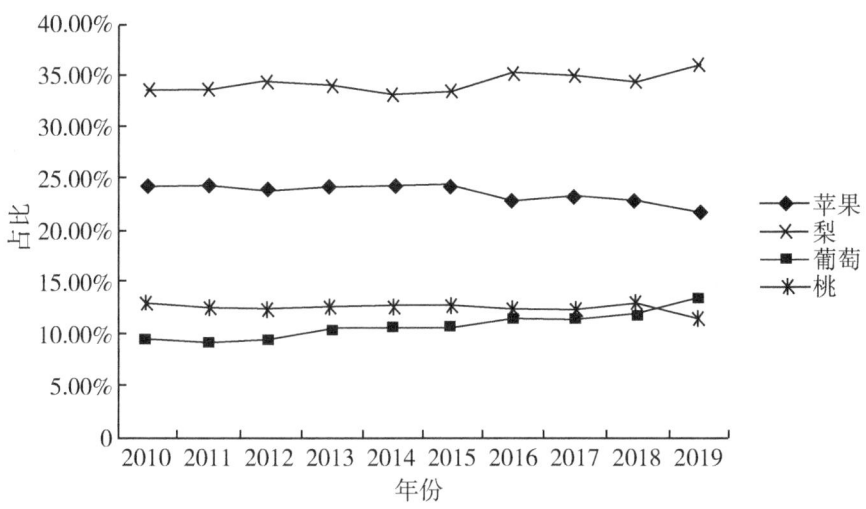

图 3-5　2010—2019 年河北省主要水果占水果总产量的百分比

数据来源：《中国农业年鉴》（2011—2020）。

北省桃面积和产量均居全国第二，种植面积和产量分别占全国份额的 11% 和 14% 左右。从河北省桃单产来看，2014—2020 年除一些受灾年份，河北省桃单产大多高于全国总体水平，单产在全国排名低于山东省，位列全国第二至三位。

表 3-2　2014—2020 年河北省桃产业在全国的地位

项目	2014年 面积/万公顷	2014年 单产/(吨/公顷)	2015年 面积/万公顷	2015年 单产/(吨/公顷)	2016年 面积/万公顷	2016年 单产/(吨/公顷)	2017年 面积/万公顷	2017年 单产/(吨/公顷)	2018年 面积/万公顷	2018年 单产/(吨/公顷)	2019年 面积/万公顷	2019年 单产/(吨/公顷)	2020年 面积/万公顷	2020年 单产/(吨/公顷)
河北	8.51	21.3	8.83	21.9	8.746	13.49	8.03	13.8	5.3	23.96	6.32	21.47	8.71	13.42
全国	79.95	16.05	82.8	16.5	85.71	14.85	85.17	15.6	83.0	16.95	100.5	15.43	88.997	15.03
百分比/%	10.6	132.7	10.7	132.8	10.2	90.8	9.4	88.5	6.4	141.6	6.3	139.14	9.8	89.3
排名	2	2	2	2	2	9	2	11	4	3	4	5	3	9

数据来源：《中国农业年鉴》（2014—2020）。

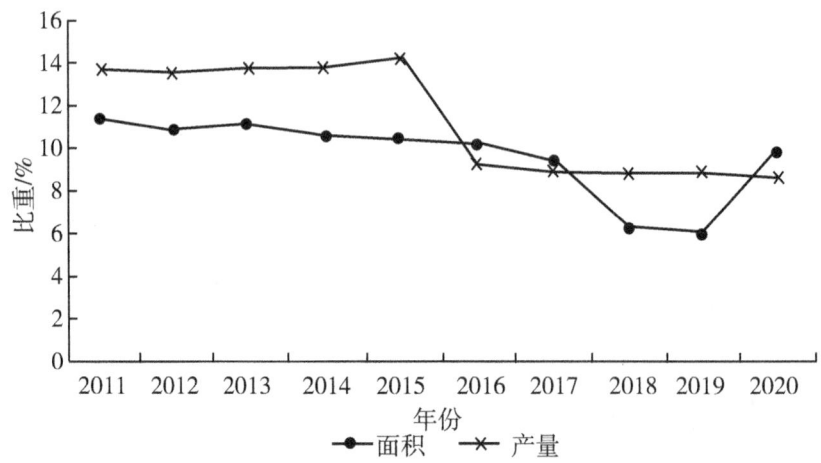

图 3-6　2011—2020 年河北省桃面积、产量占全国的比重

数据来源：《中国农业年鉴》(2011—2020)。

（2）生产区域分布

河北省桃种植区域广泛，各县市基本上都有种植。依据地理位置和气候条件，可以划分为北部产区和中南部产区。北部产区气温偏低，是中晚熟品种（8月中旬以后）的优势产区，适合设施桃的栽培，主要设施桃产区有乐亭、昌黎等地；中南部地区气温偏高，是我国传统大桃产区，主产区是深州、顺平，拥有深州蜜桃等传统优势品种。

2020 年，河北省桃产量超过 10 000 吨的种植县达到 26 个。北部地区最具优势的产区是乐亭县、昌黎县、滦南县、遵化市、永清县、抚宁区、迁安市、安次区、玉田县，其中的典型是乐亭产区，设施桃的栽培优势明显，从单价、面积、产量上都占据了明显的竞争优势。中南部地区的优势产区有顺平县、深州市、满城区、临漳县、辛集市、晋州市，比较有代表性的是顺平产区和深州产区。深州市桃种植历史悠久，"深州蜜桃"更是品质优良的独特品种。顺平产区也是传统的桃产区，桃种植面积大。详见表 3-3。

表 3-3　2020 年河北省桃产区分布

分布区域	产区	面积/公顷	产量/吨
中南部	顺平县	5 777.40	227 569.9
	深州市	4 996.73	127 399.4
	满城区	2 878.60	67 053.9
	临漳县	377.80	9 299.5
	辛集市	1 281.47	28 915.3
	晋州市	213.07	6 585.2
北部	乐亭县	5 036.60	221 440.5
	昌黎县	702.53	22 883.8
	滦南县	470.67	9 135.1
	遵化市	2 261.13	33 215.7
	永清县	1 737.07	32 013.5
	抚宁区	905.27	25 976.2
	迁安市	673.00	11 214.6
	安次区	3 542.13	33 844.9
	玉田县	330.00	6 305.7

数据来源：河北省农业农村厅。

近年来，河北省各产区的种植面积和产量都比较稳定，2020年产量超过20 000吨的县有14个，面积超过1 000公顷的县有12个。其中，顺平县的种植面积和产量均居首位，分别为5 777.4公顷和22.8万吨，规模优势明显；乐亭县的综合比较优势最明显，面积、总产量、单产分别为5 036.6公顷、22.14万吨、43.96吨/公顷。

（3）品种结构

我国桃品种繁多，不同桃品种的口感、售价、效益差异很大，桃品种选择对于区域产业的竞争力有较大影响。河北省的光照时间、昼夜温差、降水量、土壤质量等自然条件优越，适宜多类品种的桃栽培，优质桃品种丰富。近年来随着种植技术的发展，在自身丰富品种的基础上不断引进更新品种资源。由于自然环境的差异，在长期的栽培选择过程中，河北省北部与中南部呈现出不同的品种分布特点。北部产区主要集中在唐山、秦皇岛，具体包括昌黎、乐亭等产区，气温较低，适合耐寒品种及设施桃的种植。中南部气候适宜，桃种植历史悠久，适合多种品种栽培，其中"深州蜜桃"更是我国具有代表性的种植历史悠久的优质品种。

目前，省内露地栽培的桃品种主要有"大久保""京玉""大京红""京春""庆丰""绿化9号""重阳红""杨屯大桃""北京24号""晚燕红""深州晚蜜"等。设施栽培的桃品种主要有"春雪""春美""春蜜""中桃红玉"以及"中油金辉""中油4号""中油金冠""中油13号""中油15号"等油桃品种和"红蜜蟠桃""中油蟠9号""36-3油蟠桃"等蟠桃品种。从成熟期来看，早熟、中熟和晚熟品种均有涉及，其中以中熟品种居多。目前河北省桃主栽品种大于150个，表3-4所列举品种的种植面积占河北省总种植面积的80%以上。

表3-4 2020年河北省桃主要种植品种

成熟期	品种名称
早熟	雪雨露、美硕、美博、仓方早生、春美、春蜜、早凤王、春雪、中桃红玉、中油金辉、中油4号、中油金冠、中油15号、中油13号、36-3油蟠桃、中油蟠9号等
中熟	大久保、京玉、美锦、美婷、脆保、艳保、久艳、久丽、美脆、中桃金蜜、中油20号、中蟠11号、中蟠13号、中油蟠7号、金霞油蟠、瑞光28等

(续表)

成熟期	品种名称
晚熟	美帅、京玉、京艳、燕红、秋燕、丰白、红岗山、华玉、深州蜜桃、瑞光39号、蓬仙15号、中油8号、瑞蟠21号、秋彤、蓬仙15、映霜红、金秋红蜜等

数据来源：石家庄果树研究所。

3.2.2 加工现状

（1）生产加工基地增多

如表3-5所示，2013—2019年河北省果品生产加工基地数量呈上升趋势，从2013年的90个增加到2019年的102个，增加了12个，增幅为13.33%。农业部（现农业农村部）从2014年开始提出加快农产品加工业发展，2015年河北省成立农产品加工局，响应"菜篮子工程建设"的国家政策，政府大力发展果品加工业，使得河北省果品业得以快速发展。2018年，河北省以现代都市农业和特色高效农业为方向，大力发展科技农业、绿色农业、品牌农业、质量农业，着力提升农业质量效益和竞争力。2019年以来，河北省紧抓京津冀协同发展战略机遇，在丰富京津菜篮子的同时培育建设了一批果蔬生产基地，稳步扩大蔬菜、水果种植面积，推动果菜规模化、标准化、特色化、精品化、品牌化发展。

表3-5　2013—2019年河北省果品生产加工基地情况

年份	数量/个	产值/万元
2013	90	2 399 749
2014	94	2 696 527
2015	96	2 837 594

(续表)

年份	数量/个	产值/万元
2016	99	2 924 805
2017	109	3 372 704
2018	111	2 588 845
2019	102	2 515 706

数据来源：《河北省农村统计年鉴》（2014—2020）。

（2）果品加工基地产值有所波动

如图3-7所示，河北省在果品产量持续上升的基础上，果品加工业基地产值呈先增加后下降态势。果品加工基地产值从2013年的2 399 749万元增加到2017年的3 372 704万元，增幅为40.54%，2018年、2019年产值有所下降，主要由于果品加工业市场竞争激烈，替代品较多。

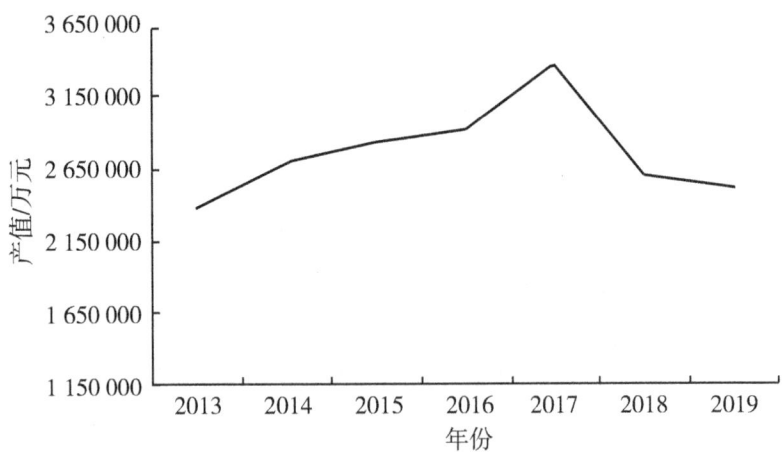

图3-7　2013—2019年河北省果品生产加工基地产值

数据来源：《河北省农村统计年鉴》（2014—2020）。

3.2.3 出口贸易现状

河北省桃加工产品中出口产品主要为桃罐头。2020年，河北省桃罐头出口金额达到9 548 960美元，比2019年下降了8.5%，2020年我国出口桃罐头制品主要省（区、市）有浙江、福建、安徽、江苏、新疆、河北、北京、辽宁等地，其中浙江省的出口额占全国出口总额的20%，河北省的桃罐头出口量居全国第六位，竞争优势不明显。详见表3-6。

表3-6 2020年各省（区、市）桃罐头产品出口情况

地区	出口金额/万美元	排名
浙江省	1 730.193	1
福建省	1 676.171	2
安徽省	1 438.639	3
江苏省	1 193.666	4
新疆维吾尔自治区	965.837	5
河北省	954.896	6
北京市	368.024	7
辽宁省	179.171	8
天津市	53.007	9
甘肃省	48.060	10
陕西省	19.868	11
上海市	5.250	12
江西省	0.205	13

数据来源：中国海关信息网（http://www.haiguan.info/）。

2020年河北省出口桃罐头的地区主要有石家庄市、唐山市、保定

市、承德市、衡水市，其中保定市出口量最多达到了 6 378 867 千克，出口金额为 1 050.29 万美元，分别占河北省总量的 74.39% 和 72.56%，其次为衡水市、石家庄市、承德市、唐山市。详见表 3-7。

表 3-7 2020 年河北省桃罐头出口情况

地区	数量/千克	出口金额/万美元
石家庄市	601 640	102.69
唐山市	335	0.076
保定市	6 378 867	1 050.29
承德市	383 739	79.61
衡水市	1 210 685	214.84

数据来源：石家庄海关。

3.2.4　服务现状

（1）休闲农业园区数量上升

如表 3-8 所示，河北省国家级休闲农业园区数量从 2010 年到 2019 年实现了从无到有，并快速发展。2012 年河北省国家级休闲农业园区数量达到 9 个，是 2011 年的 9 倍；2013 年河北省国家级休闲农业园区 27 家，是 2012 年的 3 倍；2014 年河北省国家级休闲农业园区为 15 家，与 2013 年相比下降 44.4%，主要原因在于申请休闲农业园区标准的改变。2014—2019 年河北省国家级休闲农业园区创建数量较平均，呈现出平稳增长趋势，2019 年达到最高值 49 家。与国家级园区相比，河北省省级休闲农业园区在 2014 年才开始得以发展，但是发展速度较快，大概是同年国家级休闲农业园区数量的 3.4 倍，在 2016—2018 年 3 年内，河北省省级园区数量增加较快，究其原因是政府高度重视休闲农业的发展，出台了一系列休闲农业扶持政策，扶持力度不断加大。

表 3-8　2012—2019 年河北省休闲农业园区数量统计

年份	国家级休闲农业园区/个				省级休闲农业园区/个			
	五星级	四星级	三星级	合计	五星级	四星级	三星级	合计
2012	1	6	2	9	—	—	—	—
2013	2	14	11	27	—	—	—	—
2014	1	9	5	15	14	25	12	51
2015	1	14	0	15	16	32	3	51
2016	2	11	3	16	23	52	9	84
2017	6	23	6	35	21	64	23	108
2018	6	30	5	41	29	53	15	97
2019	8	35	6	49	19	32	9	60

数据来源：河北省农业农村厅环保站。

（2）休闲农业和乡村旅游收入提高

如图 3-8 所示，2014—2019 年休闲农业和乡村旅游人数呈整体上升的走势，2014—2019 年，从 5 300 万人次，增加到 18 500 万人次，增加了 13 200 万人次，增长率为 249%。从年收入来看，2014—2019 年，从 44 亿元增到 387 亿元，增加了 343 亿元，增长率为 779.55%。近年来，国家大力支持和鼓励休闲农业的发展，同时随着人民生活水平的提高和选择的多样性，休闲旅游人数和收入逐年增长。

（3）电子商务快速发展

2007 年起，河北省农村电子商务开始发展，到 2012 年农村现代流通网络体系初步形成，四大流通网络体系龙头企业 544 家，拥有连锁配送和购销网点 52 078 个，年经营额 238 亿元。有 136 个县（市、区）建起一个以上经营网络体系，44 个县（市、区）供销社建立起四大网络体系，62 个县（市、区）供销社建起两个以上网络体系。

2013 年成立了河北省农产品电子商务有限公司，搭建了电子商务交易平台"农交汇"，减少流通环节，降低流通成本。唐山市"农合

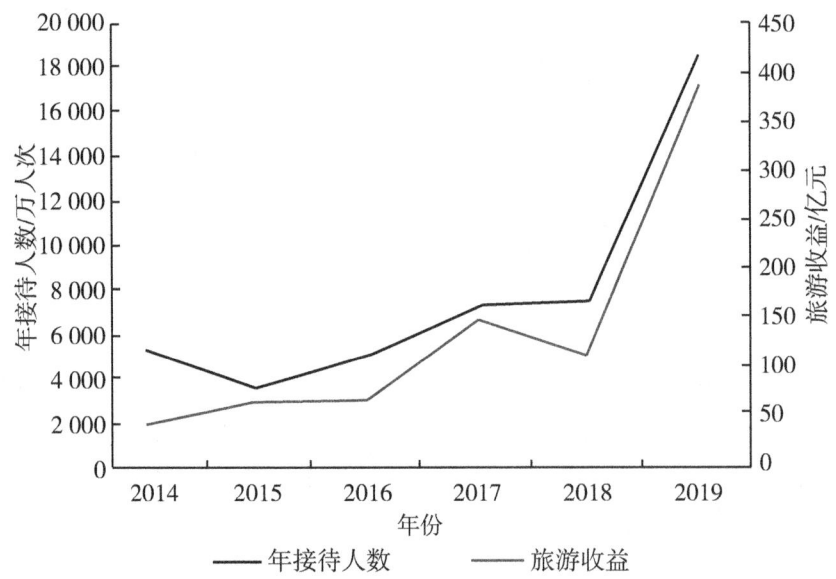

图 3-8　2014—2019 年河北省休闲农业和乡村旅游人数收益情况
数据来源：《河北省农村统计年鉴》（2015—2020）。

联（农民合作经济组织联合会）"建立了"山水原—中国农副产品网上大集"，和全市 783 家农民专业合作社实现了网上农产品对接，廊坊市"农合联"建立了"农合商务网"。

2015 年河北省电子商务快速发展，被国家列为电子商务进农村综合示范省份。同时，有 25 个村和 2 个镇入选中国"淘宝村""淘宝镇"，数量居全国前列。全年实现电子商务交易额达到 1.08 万亿元，增幅超过 40%。

2016 年组建了农产品电商、"云供销"、"八方联采"等省级电商平台。在全国设立客户服务中心 2 671 家，实现交易额 836 亿元。有县级电商平台 60 多家，乡镇电商服务站 1 600 多家，覆盖的乡村有 4 300 个。

2017 年河北省以"互联网+流通"为抓手，推动电商进农村，实现"网货下乡进村"和"农货上网进城"双向流通功能，截至 2017

年成立电商企业 95 家，综合配套、安全便捷的农村电商服务网络初步形成，打通了农村消费的"最后一公里"，实现了服务零距离，形成生产、加工、销售、服务一体化的完整产业链和价值链。

2018 年农产品电子商务平台发展又上新台阶，石家庄市鹿泉区现代农业园区（果蔬）等 67 个现代农业园区被评为 2017 年河北省现代农业园区，进一步打造"质量农业、科技农业、绿色农业、品牌农业"的高地。

2020 年 9 月发布的《第 46 次中国互联网络发展状况统计报告》中的数据表明，河北省网民数量有 4 934.8 万人，网民规模比 2019 年增加 12.7%，互联网普及率达到 65.0%，居全国第七位，超过全国平均水平。

（4）桃花节规模扩大

近年来，河北省顺平县、满城县、乐亭县、遵化市、深州市、石家庄天桂山等多地举办桃花节，桃花节已经成为河北省居民赏花的重要节日之一，其中尤以顺平桃花节最为盛大。顺平县依托万顷桃园资源优势，通过调整产业结构，推进农业和旅游产业紧密对接，自 2000 年至 2019 年已经连续举办了 20 届桃花节，观光游客从首届的 3 万人增加到 100 万人左右。随着桃花节规模与档次的不断提升，当地政府积极调整产业结构，以桃花节为龙头，推进农业和旅游产业紧密对接，既开辟了旅游产业新领域，又拓展了农业发展新空间。顺平桃花节已从赏花观景发展成为集农业开发、旅游休闲、招商引资为一体的特色"桃花经济"，成为全县农民增收、经济发展、推进城乡一体化的重要载体。2019 年顺平县桃花节游客人数和收入见表 3-9。

表 3-9 2019 年顺平县桃花节游客人数和收入

人数/万人	人均消费/元	带动农户数量/户
80~100	300	200~300

数据来源：调研数据所得。

3.3 河北省桃产业一二三产业融合发展现状

3.3.1 一二三产业结构不断优化

河北省林果业产值从 2010—2020 年规模不断扩大，产值保持增长趋势，10 年间增长了 850 亿元，涨幅达 138.44%，一产产值增加了 329 亿元，增幅为 98%，二产产值增加了 424 亿元，增幅为 163.7%，三产产值增加了 93 亿元，增幅为 422.73%，一二三产业结构由 2010 年的 15.1∶11.8∶1 优化为 2019 年的 5.8∶5.9∶1，主要原因是河北省近年来鼓励支持休闲农业和服务业的发展，使得三产快速发展，同时一二三产业结构也得到优化，如表 3-10 所示。

表 3-10　2010—2019 年河北省林果业产值情况

年份	一产产值/亿元	二产产值/亿元	三产产值/亿元	总产值/亿元	三产比值
2010	333	259	22	614	15.1∶11.8∶1
2011	370	294	28	692	13.2∶10.5∶1
2012	408	307	30	745	13.6∶10.2∶1
2013	516	497	46	1 059	11.2∶10.8∶1
2014	610	552	67	1 229	9.1∶8.2∶1
2015	713	659	73	1 445	9.7∶9∶1
2016	720	665	89	1 474	8.1∶7.5∶1
2017	754	677	92	1 523	8.2∶7.4∶1
2018	692	656	106	1 454	6.5∶6.2∶1
2019	662	683	115	1 461	5.8∶5.9∶1

数据来源：《河北省农村经济统计年鉴》（2011—2020）。

3.3.2 三产引领带动作用日益凸显

2010—2019 年，一产产值占比呈下降趋势，从 54.2% 下降至 45.31%，下降了 8.89 个百分点，二产产值占比呈上升趋势，从 42.2% 上升至 46.7%，上升了 4.5 个百分点，三产产值占比呈上升趋势，从 3.58% 上升至 7.87%，上升了 4.29 个百分点，三产产值占比增大，说明三产在一二三产业融合中的作用日益凸显，如图 3-9 所示。

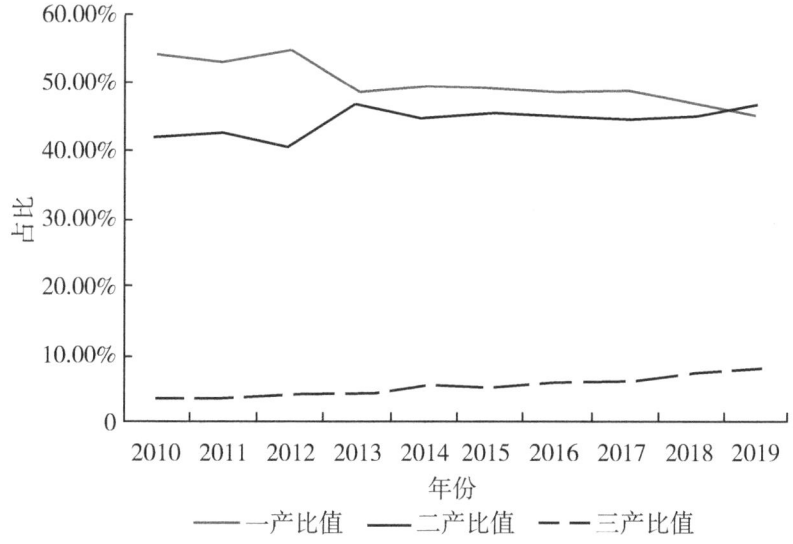

图 3-9　2010—2019 年河北省一二三产各产值占总产值的比重

数据来源：《河北省农村经济统计年鉴》（2011—2020）。

3.3.3 桃产业一二三产业融合处于发展阶段

桃产业是河北省一二三产业融合的先行者。比如，顺平县是河北省桃主产区之一，有"中国桃之乡"美誉。顺平县自 2000 年起举办桃花节，开始了桃产业与旅游产业融合的最初尝试，20 年来，桃花节的影响力逐步增大，桃花节期间旅游者数量不断增多，但是旅游者多为百千米半径周边人群，留宿人数少，甚至很多人餐后返回到市区。桃花节期间除了销售一些当地农产品以外，桃产业的相关衍生产品销售数量少，产业融合带来的收益不高。河北省桃产业三产融合与国内成熟经验相比还存在很大差距，如表 3-11 所示。

表 3-11 河北顺平大桃与无锡阳山水蜜桃三产融合对比

项目	阳山水蜜桃	顺平大桃
融合模式	"文旅+农业+新社区"田园综合体样板	桃产业与旅游产业相融合
定位	打造集农业生产交易、乡村旅游休闲度假、田园娱乐体验、田园生态享乐居住等复合功能于一体的东方田园水蜜桃观光旅游基地	观光农业、生态旅游、产业升级，顺平县把农业与旅游成功嫁接
市场规划	现代农业区、核心商业区、无动力乐园区、酒店温泉区	旅游大道、桃花观赏区、农家乐
文化衍生品	桃干、桃脯、桃汁、罐头、桃花酒、蜜桃猪、桃胶、桃叶、桃木等	桃干、桃脯、桃汁、罐头、桃木等
主题活动	点花祈福、婚庆、音乐大剧场、桃王争霸赛、田园露营节、马拉松比赛、粉丝体验游、摇橹船、文化博物馆、绘画赛、摄影赛、短视频大赛等	桃王争霸赛、"燕赵杯"中熟桃比赛、摄影大赛、书画征文大赛、桃园婚纱走秀、尊老重教聚桃园、生态果品采摘游、桃花节等

3.4 顺平县桃产业与旅游产业融合发展现状

3.4.1 融合的基础

（1）地理位置优越

顺平县地理位置优越，处于北京、天津、石家庄的中心地带，交通非常便利，对其桃产品的运输和赏桃旅游有很大帮助。顺平县交通网络发达，拥有京昆和保阜高速、京广铁路、107国道，一方面可以将桃便利地运输出县，另一方面更便于周边游客来顺平县观光和体验采摘，旅游形式和旅游安排也更加灵活，一日游和多日游均可实现，通过不同的旅游行程可提供不同的旅游产品，在桃花旺季通过吸引更多周边游客一日游，开发不同体验项目，也可以吸引更多较远的外地游客来顺平度假体验采摘。

（2）桃花节的影响力

顺平县从2000年到2020年连续举办了21届顺平桃花节，受到了社会的广泛关注。顺平县依靠"桃花"元素挖掘其文化渊源，并开发了摄影大赛、桃王争霸赛等"桃"体验项目，影响力不断扩大，桃花节成为顺平县的一张名片。顺平县桃花节的大部分游客来自京津冀地区和保定市周边地区，其中天津地区的游客占比约为1/3。包括汇源果汁在内的果品加工企业在顺平投资建厂，以望蕊山庄、盘龙山庄、清风山庄为代表的庄园式景区带动了当地旅游经济的发展，企业开始向集农业观光、采摘、农事体验、住宿等为一体的农旅模式发展。

伊祁山和望蕊山庄是多年来桃花节的主要观赏地，桃花节一般为每年的4月上旬举办，届时万亩桃花竞相开放，游客不仅能欣赏桃花的美景，还可以进行农事休闲活动。周围的村民积极支持桃花节乡村旅游的发展，并参与到桃花节的各项接待和服务过程中，目前桃花节观赏地附近"农家院"等旅游接待设施有近百家，供游客休闲娱乐餐饮。

（3）政府的高度重视

桃产业是顺平县重要农业产业之一，政府高度重视桃产业的发展，采取多项措施促进一二三产业融合发展。第一，有关部门引导桃农通过与各大高校和农科院合作，采取授课等多种形式普及种植新技术，推广优良品种，加强标准化生产管理体系建设。第二，培育重点农业专业合作社和果品生产加工龙头企业，延长产品产业链，增加桃产业附加值。第三，借桃花节品牌影响力规划旅游线路，促进旅游经济发展。第四，积极响应国家三产融合的号召，相继出台扶持桃产业三产融合的相关政策，形成了鲜桃种植、桃花观赏、果品采摘、果品加工、桃木加工、贮运销售的完整产业链条，实现了政府、科研单位、龙头企业、合作社、农户"五位一体"融合。

3.4.2 融合的特征

（1）桃产业与旅游产业整体规划

顺平县近几年依托桃产业与旅游产业快速的发展，在全县布局上对两产业进行总体规划，通过提前规划布局促进桃产业与旅游产业的融合。围绕顺平桃花节的赏花主会场，打造不同的旅游线路，与周边的景区串联成一个整体，借助顺平桃的影响力和桃花节的人气，吸引大量的游客前来游玩观赏，游客在旅游线路赏花的同时也会经过周边的景区，从而提高周边的景区收入，等到鲜桃成熟时，许多游客也会沿着旅游线路进行采摘和购买鲜桃，通过桃产业带动旅游产业的发展，促进两产业更好地融合。

伊祁山桃园观赏地位于顺平县河口乡、白云乡（县城西北10千米处），是顺平县桃花节每年的主会场，也是观赏桃花面积最大的地区，13.6千米的环山观花环线贯穿周边地区，游客行驶在旅游线路上，不仅可以领略万亩桃花的壮观，还可以购买当地的农产品，品尝特色美食。相传尧帝出生在伊祁山，山上留有许多历史古迹，具有悠久的文化价值。赏花线路围绕伊祁山景区，游客在赏完花后可以爬上伊祁山，借助桃花节带来的人流量来发扬顺平尧文化的历史文化价值，提高旅游品牌价值。

凤凰山桃花观赏地位于顺平县台鱼乡，当地1 000亩鲜桃生产基地由河北凤凰山旅游发展有限公司开发，此条线路途径佛光寺和望蕊山庄，望蕊山庄主要从事鲜桃种植、销售、果品采摘、农事体验、科普展示、农家餐饮、住宿、乡村生态观光旅游等，游客在这里不仅可以登上观景台全方位欣赏桃花，还可以住在山庄疗养休息，品尝当地特色美食，享受安逸的田园风光。

佛光寺原名玉泉山，经过三年的建设于2015年基本竣工，它是华北地区体积最大、气势恢宏的药师佛塔，也是华北地区规模最大的药师佛道场。自从佛光寺建成，来凤凰山一带观赏桃花的游客人流量翻倍，人们既可以欣赏桃花美景，还可以走进大佛光寺烧香祈福，给游客带来吃喝玩乐的全线体验，让旅游产业来促进桃产业的发展，从而带动桃产业与旅游产业更好地融合。

（2）大农业大区域综合布局

顺平县独特的地理位置和气候特征适合鲜桃的生长，经过一代人不断地努力，桃树种植技术不断提高，桃园种植面积不断扩大，顺平县被誉为"中国桃乡"。此外，"顺平桃"被国家质量监督检验检疫总局认证为地理标志产品，其品牌效益不断提高。从地理位置来看，顺平县与满城区和唐县交界，以顺平县为轴心，凭借顺平桃花节的知名度吸引的大量游客，向周围区县辐射，满城区根据自身优势特色，打造出柿子沟、坨南花海等优质农村旅游项目，通过举办柿子节、草莓节等活动来扩大自身影响力。唐县凭借自身优质的自然旅游资源大力发展旅游产业，拥有潭瀑峡、大茂山、西胜沟、唐尧文化园、古北岳、秀水峪、全胜峡等众多景点。唐县庆都山·唐尧古镇是2020年第三届保定市旅游产业发展大会观摩点和分会场，近年来已成为很火的旅游打卡地。三区县旅游产业连为整体，在桃花节期间已经形成多条旅游线路，打造出众多特色项目，互相带动互相影响，不断提高旅游增加值。

3.4.3 融合的典型案例——望蕊山庄

望蕊山庄主要从事鲜桃种植、销售、果品采摘、农事体验、科普展示、农家餐饮、住宿、乡村生态观光旅游等。园区内设施齐全，具有餐饮住宿设施、观景台供游客使用、农技培训室供周边果农学习、冷藏保险库用于储藏鲜果，桃园中间建有田间小道供游人行走游览。山庄内还建有不同季节的农产品采摘园，游客通过认领菜园，选种自己喜欢的菜品。望蕊山庄通过运用产加销游一体的运行方式，加速传统产业改造，提高生产效率和生产力水平，促进桃产业与旅游产业的融合。

（1）成立背景

望蕊山庄所在的顺平县台鱼乡交通便利，距县城20千米，距京昆高速顺平北口15千米，满城出口10千米。台鱼乡区域内以山区为主且山低坡缓，自然环境优越，适合果品种植。全乡经济以种植鲜桃为主，果品销往全国各地。自从2000年开始，顺平县已经连续举办了21届桃花节，望蕊山庄作为主要的桃花观赏区，打造出一条精品的旅游赏花观赏线路。2018年9月，保定市第二届旅游产业发展大会在顺平召开，大会主打的两个旅游景区享水溪和杏唐沟位于望蕊山庄周围，吸引了大量京津冀的游客，带动了望蕊山庄的经济收入。

（2）主要做法

一是实行产加销游一体的运行方式。望蕊山庄依靠丰富的桃产业资源，先后组建成立了台鱼乡桃产业协会及望蕊鲜桃农民专业合作社，2016年建成了望蕊桃产业市级现代农业园区，核心区3 500亩桃林通过了绿色认证，引进推广新品种，建设了示范园及500平方米的冷藏保鲜库，制定了技术规格，产品统一包装标识，实施了品牌销售及错季销售，注册了"望蕊山庄"商标。山庄配有完善的住宿餐饮设施，可接纳200人同时用餐。桃园中间建有田间小道供游人行走游览，游客可以通过自己采摘，亲身体验农事活动，感受乡村生态观光旅游的快乐。

二是利用现代信息技术线上销售。望蕊山庄牵头组建电商销售平台,改变了传统销售模式,鼓励青年果农大胆探索电商销售,提供快递包装,统一免费预冷,集中物流运送,拓宽销售渠道,提高"望蕊山庄"市场品牌知名度。

三是依靠先进科学技术加快产业融合。望蕊山庄不断强化现代种植技术的集成配套与推广应用,200平方米农技培训室供周边果农学习,充分发挥利用技术的完善来增加产量和收入,使望蕊山庄成为高新技术的代表不断辐射周边区域的发展。望蕊山庄充分发挥桃产业园应用现代种植、加工技术的高产、优质、高效展示作用,通过与省农林科学院、河北农业大学建立联合关系,通过组织农户参观学习和技术培训,提高广大农户推广应用桃种植先进技术能力,加快现代技术向周边辐射扩散,带动顺平县产业结构优化升级,桃产业优质高效发展。望蕊农业园区发挥利用其优越的资源条件,多点布局,开发引进新技术,将其特色产品和生态体验与人文特色相结合,建设成为高端生态休闲观光农业旅游区,培育成特色优势主导产业。

四是三产融合助力农户脱贫。望蕊山庄同时与贫困户建立联结关系,实施产前农资供应、产中技术指导、产后处理增值,通过集中供应农资降低成本、提高果品质量、延长贮藏时间。借助桃花节期间游客人流量增多,增加住宿餐饮等服务人员数量,带动5个贫困村、200多个贫困户600多人稳定脱贫,安排直接就业150多人,间接从业人员达到2 000人。

(3) 取得成果

望蕊山庄实行"政府推动、专家支撑、公司、合作社主导、新型主体参与、农企合作"的运行机制,实现了桃产业助农增收目标。通过品种引进、品牌营销、有机肥替代及综合防控技术措施,为果农增加收入,在给有劳动能力的建档立卡贫困户增加务工收入的基础上,进行保底分红。

望蕊山庄核心区桃园取得了"绿色食品"认证,注册了"台鱼"

"望蕊山庄"商标,被列为"五星级中国乡村旅游金牌农家乐""河北省科普示范基地""顺平县林果发展先进单位""河北省观光采摘果园""京津冀桃产业科技成果转化示范基地""全国科普惠农兴村先进单位""省级示范农民合作社"等荣誉称号。

第二篇

河北省桃产业竞争力研究

4 河北省桃产业竞争力实证分析

4.1 显示性指标分析

4.1.1 市场占有率

区域某特定农产品市场占有率是指特定农产品的市场份额和某个地区市场上对类似农产品总需求，可以表示该地区抵抗区域外竞争对手的能力。特定农产品在特定地区所占的市场份额越多，则说明该地区这种农产品相对于其他区域来说越具有市场竞争力。作者使用特定地区某水果的产量占全国同种水果产量的比重来近似反映该水果的市场占有率，用河北省桃产量占全国总产量的比重来表示桃产品在国内的市场占有率，以此来分析河北省桃产品的竞争力情况。其计算公式为：区域某种果品市场占有率=区域商品量/全国商品量×100%。

河北省是水果生产大省，梨、苹果、桃、葡萄等水果产量在全国占据重要地位，是河北省的主要水果产业。本部分运用《中国农业年鉴》相关数据计算得出 2016—2019 年河北省主要果品的市场占有率，详见表 4-1。由表 4-1 分析得出，河北省水果产业中梨的市场占有率相对较高，达到全国市场的 20% 以上；桃的市场占有率在 9% 左右，居河北省水果产业的第二位。近年来，河北省主要果品的市场占有率都相对稳定，苹果占有率在 5% 左右，梨为 20% 左右，葡萄 8% 左右。桃、梨、葡萄 2016—2018 年呈小幅下降趋势，

2019年有所回升；苹果的市场占有率则相反，2016—2018年有所上涨，2019年开始回落。

表 4-1　2016—2019 年河北省主要果品的市场占有率　　单位:%

年份	桃	苹果	梨	葡萄
2016	9.36	5.37	20.86	8.71
2017	9.09	5.51	20.84	8.56
2018	9.01	5.61	20.50	8.30
2019	9.05	5.22	20.98	8.37

数据来源：《中国农业年鉴》（2017—2020）计算得出。

通过表4-2各省（市）桃产品市场占有率比较分析，山东省桃产品在全国的市场占有率最高，近年来保持在22%左右。2016—2018年，河南省市场占有率为10%左右，居全国第二位；河北省的市场占有率为9%左右，居全国第三位。2019年，山东、河南、河北、山西、安徽、湖北、陕西、江苏、辽宁、四川、浙江、北京桃产品分别占全国的22.00%、12.00%、13.93%、10.09%、10.20%、4.67%、5.40%、5.00%、4.23%、7.76%、2.82%、2.6%，湖北、浙江、辽宁2019年的市场占有率呈整体下降趋势，河北、河南、四川2019年的市场占有率呈上升趋势，陕西、江苏的市场占有率比较稳定，在5%左右。2019年，河北省鲜食桃的市场占有率超过河南省，仅次于山东省，位居全国第二位。可见，桃产业是河北省水果产业的重要组成部分，在全国占据重要地位。

表 4-2　2016—2019 年桃产品主产区市场占有率　　单位:%

省（市）	2016年	2017年	2018年	2019年
山东	22.92	22.16	22.55	22.00

(续表)

省（市）	2016 年	2017 年	2018 年	2019 年
河南	10.07	10.06	10.03	12.00
河北	9.36	9.09	9.01	13.93
山西	8.49	9.31	8.79	10.09
安徽	5.95	6.46	5.79	10.20
湖北	5.47	5.33	5.48	4.67
陕西	5.47	5.33	5.09	5.40
江苏	5.00	5.18	5.31	5.00
辽宁	4.60	4.81	4.47	4.23
四川	4.52	4.28	4.17	7.76
浙江	3.33	3.38	3.31	2.82
北京	2.62	2.25	1.78	2.60

数据来源：《中国农业年鉴》计算得出。

4.1.2 资源禀赋系数

资源禀赋系数（EF）通常反映特定国家或地区的特定资源相对于其他国家和地区的丰富程度，并用来衡量该国家（地区）某个产业生产上的比较优势。资源禀赋系数的计算公式为：$EF = (Vi/Vwi) / (Y/Yw)$。其中 Vi 代表某省（市）的鲜桃总量，Vwi 代表中国鲜桃总量，Y 代表某省（市）的生产总值，Yw 为中国国内生产总值。当 $0 < EF < 1$ 时，表示该地区桃产业在资源禀赋上缺乏区域比较优势；当 $1 < EF < 2$ 时，表示该地区桃产业在资源禀赋上具有一定的比较优势；当 $EF > 2$ 时，则表示该地区桃产业在资源禀赋上具有较强的比较优势。

由表4-3可以看出，河北省桃产业的资源禀赋系数大于1，2016—2019年的系数都在2以上，说明河北省桃产业在资源禀赋上具有较强的区域比较优势。从 2019 年各省（市）资源禀赋系数来看，河北省桃产业的比较优势仅次于山西省，居第二位。2019 年山东和山西的资源禀赋系数分别为 3.07 和 5.87，具有较强的区域比较优势，而北京、江苏、浙江桃资源禀赋上缺乏区域比较优势。从整体走势来看，安徽、四川、陕西呈现对桃资源禀赋逐年减弱的趋势，山东、河北、河南、山西、湖北的桃资源禀赋近几年整体呈上升趋势。

表 4-3　2016—2019 年中国主要产桃省（市）资源禀赋系数

省（市）	2016 年	2017 年	2018 年	2019 年
山东	2.52	2.52	2.65	3.07
河北	2.18	2.22	2.25	3.39
河南	1.87	1.86	1.88	2.54
山西	4.71	4.90	4.71	5.87
湖北	1.24	1.24	1.25	2.21
陕西	2.10	2.05	1.87	1.79
江苏	0.48	0.50	0.52	0.54
安徽	1.80	1.96	1.74	1.33
四川	1.03	0.95	0.92	0.90
辽宁	1.53	1.72	1.59	3.09
浙江	0.53	0.54	0.53	0.45
北京	0.77	0.66	0.53	0.73

数据来源：《中国农业年鉴》、国家统计局（http://www.stats.gov.cn/）。

4.2　分析性指标分析

4.2.1　价格比较分析

价格决定着市场供求，是影响区域农产品竞争力的基本因素。质量和供求是构成产品竞争力的两个基本因素,在质量相等的情况下,销售价格越低的农产品竞争力越强。在产品无差异的情况下,销售价格越低的农产品竞争力越强。价格竞争力的实质是单位产品成本的竞争,具体是指桃生产的物质成本、人工成本、桃的销量、桃的平均售价、成本收益等。因而,对于桃产品来说,同一时间、同一市场、同等质量的鲜桃,售价低的桃产品更具有竞争力。近年来,随着我国农产品流通体制进一步改革和发展,价格在区域间农产品竞争中发挥着更加重要的作用。

由于当前大部分省(市)对桃产业数据统计信息有限、统计方式不同、统计数据欠缺,成本收益信息难以收集整理,部分数据为调研整理获得。

(1)销售价格比较

由表4-4得出,2016—2019年全国桃均价为7.56元/千克。在主产区的省(市)中,北京、山东桃价格较高,分别为13.16元/千克、9.84元/千克,均高于全国均价。河北、江苏等产量、面积比较大,规模效益较好的产区均价低于全国均价,其中江苏省桃单价为6.81元/千克。河北省桃单价为5.77元/千克,每千克比全国均价低1.79元。可以看出,河北省虽然具有一定价格竞争力,但低价格影响了桃产业整体收益。2019年主要省(市)桃价格比较见表4-5,各省(市)桃价格走势见图4-1。

表4-4　2016—2019各省(市)桃平均售价　　　单位:元/千克

地区	全国	河北	山东	江苏	北京
均价	7.56	5.77	9.84	6.81	13.16

数据来源:农产品价格信息网(http://www.3w3n.com)。

表4-5　2019年主要省(市)桃价格比较　　　单位:元/千克

地区	全国	河北	山东	江苏	北京
单价	7.54	6.08	9.89	6.73	12.45

资料来源:《中国农业年鉴》计算所得。

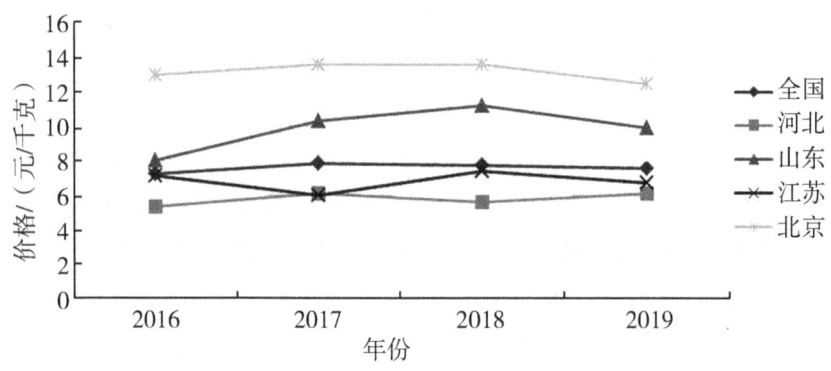

图 4-1　2016—2019 年各省（市）桃价格走势

数据来源：农产品价格信息网（http://www.3w3n.com）。

根据水果价格调查结果，近几年水果价格波动较大。从全国桃价格走势来看，桃价格有所下降。

（2）年度内各月份桃价格比较

从图 4-2 可以看出，年度内桃价格的变化呈周期性，每年 7—9 月的价格普遍低于其他月份，这是因为 6—8 月是桃果的上市期，桃产品集中上市，价格就会比平时低。每年的 3 月价格会有一个高价期，主要是由于春节期间桃果的需求量较大，但供给量却相对有

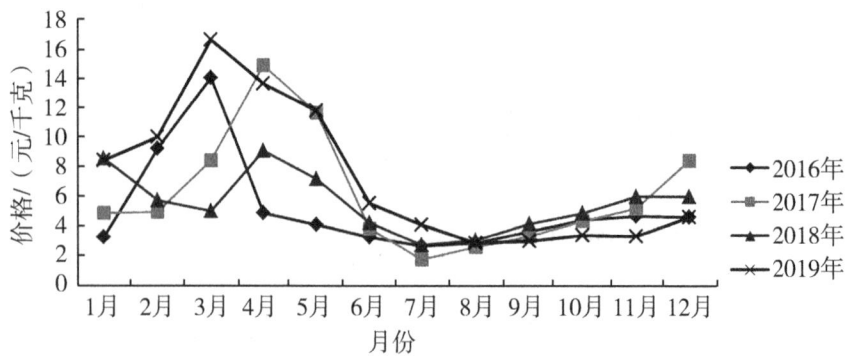

图 4-2　2016—2019 年度河北省桃价格走势

数据来源：农产品价格信息网（http://www.3w3n.com）。

限，导致桃果价格上涨，2017年4月达到14.91元/千克。因此，桃产业应根据市场需求变化及时更新及优化品种结构，进行桃果的早、中、晚成熟期的配套，在市场上抢占商机，提高桃果平均售价。

从价格的比较分析来看，桃果主产区中河北省的价格优势并不明显，这与当地产量大、供给多、集中于旺季上市具有直接关系。但是，河北省原料价低的优势可以吸引外省市的加工企业来河北省发展，低价格使河北省桃产业在全国市场形成一定的竞争力。

4.2.2 生产成本分析

成本是产品价格的基础，因而成本的高低直接决定了桃果价格的高低，进而直接影响了桃产业的竞争力。当前大部分省份对桃产业数据统计信息不够齐全，难以获取桃生产成本的准确信息。笔者通过对顺平县、深州市、满城区、辛集市、乐亭县、昌黎县、滦南县等11个示范县（区、市）实地调研，计算河北省桃生产的成本投入。

桃的生产成本是指生产桃所需的各种费用总和，可分为物质成本（包括土地成本）、人工成本两部分。桃的生产成本的计算公式为：桃生产成本＝物质成本＋人工成本＝直接物质成本＋间接物质成本＋自有劳动力折价＋雇用劳动力成本。

作者将自有劳动力劳动时间化为工日（每日劳动时间为8小时），然后以当地普通雇工的日工资作价，转化为自有劳动力成本。调查结果见表4-6、表4-7。

表4-6　露天桃园主要劳动项目劳动时间

劳动项目	每亩每年平均劳动次数	每亩工日
灌溉	3	1.74
施肥	2	2.87
喷药	5	3.07

(续表)

劳动项目	每亩每年平均劳动次数	每亩工日
除草	2	2.23
疏花疏果	2	6.03
采收	1	9.11
夏剪	3	3.23
冬剪	1	3.58
人工授粉	1	3.13
套袋	1	7.42
除袋	1	3.04
合计	—	45.45

数据来源：调研整理所得。

表 4-7 露天桃园每亩年用工量

项目	平均每亩用工量/工日		每亩总用工量/工日	占比/%	
	自有劳动力	雇用劳动力		自有劳动力	雇用劳动力
数值	19.82	25.63	45.45	43.60	57.40

数据来源：调研整理所得。

劳动力折价按照当地桃园普通劳动力日工资价格计算。露天桃园的平均用工成本为 112.48 元，则人工成本折价为：45.45×112.48＝5 112.22元，其中，雇用劳动力成本为 2 228.93元，自有劳动力成本为 2 883.29元（表4-8）。

物质成本中的直接成本主要包括苗木、肥料、农药、水电费、运输包装费等，间接费用包括建园费用、工具器械、财务费用等。露天桃园的平均直接物质成本为 1 582.35元，其中，肥料是直接耗费的物质成本中最高的一项，平均投入为 986.3 元，占直接物质成本的 62%，其次是农药成本。露天桃园的平均间接成本为 733.30 元。

设施桃园的平均直接物质成本为 4 760 元，平均间接成本为 4 985 元。平均雇用劳动力成本为 3 088 元，自有劳动力成本为 2 160 元。每亩平均生产成本为 14 993 元，大约是露天桃生产成本的 2 倍。

表 4-8 河北省每亩桃园的生产成本　　　　　　单位：元

项目	物质成本		人工成本		合计
	直接成本	间接成本	雇用劳动力	自有劳动力	
露天桃	1 582.35	733.30	2 228.93	2 883.29	7 427.87
设施桃	4 760	4 985	3 088	2 160	14 993

数据来源：调研整理所得。

4.2.3 生产效益分析

由于管理水平、技术水平、品种、气候条件、产区等因素的影响，河北省各桃产区的产量和价格差异较大。2019 年河北省露天鲜桃平均销售价格为 5.1 元/千克，平均单产 3 000 千克/亩。设施桃平均价格为 28 元/千克，约为露天应季鲜桃价格的 5~6 倍。净利润率（净利润/单位面积总收入）为 58.39%，成本净利率（净利润/单位面积生产成本）为 140.31%。桃园总投入与总收入之比约为 1∶2.40，总投入与净利润之比约为 1∶1.40，盈利能力较强。

4.3 比较优势指数评价分析

桃产业竞争力的隐性评价指标包括规模优势指数、效率优势指数、效益优势指数以及综合比较优势指数。综合比较优势分析的方法，是在计算规模比较优势和效率比较优势的基础上，对两者进行几何平均的结果，用来综合反映特定产品在不同区域的或者不同产品在某一区域的比较优势。区域农产品的比较优势是自然资源条件、社会经济发展、地理区位、科技水平、目标市场等多个因素综合作用的结果。本部分通过对比分析河北、山东、北京、辽宁、江苏等全国 24 个省（区、市）（桃种植面积大于 2 000 公顷）的综合比较优势，来分析各省（区、市）桃产业竞争力的变化趋势，进而分析河北省桃产业的竞争力优势。

4.3.1 评价方法

比较优势指数通常用来分析同一种产品在不同区域的竞争力优势（或者不同产品在同一区域比较优势），具体的指标分别为：规模比较优势（SAI）、效率比较优势（EAI）、综合比较优势（AAI）。

（1）规模优势指数（SAI）

通常用来分析一定区域某种农产品在该区域农业生产中的相对规模大小及相对重要程度，反映出该区域该产业的生产专业化程度。该指数使用水果种植面积等数据计算，能综合体现出生产成本、市场需求、经营模式、政府行为和自然资源禀赋的影响。

规模比较优势的计算公式为：$SAI_{ij} = \dfrac{GS_{ij}/GS_i}{GS_j/GS} \times 100\%$

其中，SAI_{ij} 为 i 省（区、市）j 种水果的规模优势指数；GS_j 表示全国桃果的种植面积；GS 表示全国水果栽种总面积；GS_{ij} 为 i 地区 j 种水果栽种面积，本研究中表示 i 地区桃栽种面积；GS_i 表示 i 地区所有水果栽种面积。$SAI>1$ 时，表示该地区桃种植相对于全国水平来说具有规模优势；$SAI<1$ 时，表示该地区的桃种植相对于全国水平来说不具有规模优势。其中，SAI 数值越大，说明该地区该种水果的种植越具有规模优势；反之，则不具有规模优势。

（2）效率优势指数（EAI）

也是单产比较优势，是将某一地区某种水果的单产占该区域所有水果单产的比重与该种水果全国单产占全国所有水果单产的比重作比较分析结果。从资源、科技、经济因素等内涵生产力的角度来反映生产效率水平，水果单产受到自然资源条件、生产成本投入、科技水平等多项因素共同影响，反映了水果生产效率水平。

效率比较优势的公式为：$EAI_{ij} = \dfrac{AP_{ij}/AP_i}{AP_j/AP} \times 100\%$

其中，EAI_{ij}表示i地区j种水果的生产效率优势指数；AP_j为全国桃果平均单产；AP为全国水果平均单产；AP_{ij}表示i地区桃果的单产；AP_i为i地区全部水果的单产。$EAI>1$时，表示该地区该水果的单产水平高于全国平均水平，具有效率优势；相反，$EAI<1$时，表示该地区该水果的单产水平低于全国平均水平，不具有效率优势。其中，EAI数值越大，说明该地区该种水果的种植效率优势越明显。

（3）综合比较优势指数（EAI）

是效率优势指数和规模优势指数的算术平均数，能够综合、全面地反映出某地区某种水果生产优势。

综合比较优势的公式为：$AAI_{ij} = \sqrt{SAI_{ij} \times EAI_{ij}}$

$AAI>1$时，说明与全国平均水平相比，该地区该种水果生产具有综合优势；相反，$AAI<1$时，则说明该地区该种水果生产处于劣势。AAI数值越大，说明该地区该水果的种植越具有综合比较优势，反之则相反。

4.3.2 规模比较优势分析（SAI）

从表4-9可以分析得出，2019年14个产桃省（市）规模优势指数大于1，按大小排列为上海、安徽、北京、江苏、山东、河北、河南、湖北、天津、山西、辽宁、浙江、贵州、四川，规模优势指数分别为8.465、6.203、5.815、2.916、2.544、2.362、2.285、2.226、1.951、1.876、1.422、1.231、1.212、1.116。其中，贵州地区的规模优势不明显，并呈整体下降趋势。上海、安徽、北京的桃规模优势明显，2016—2019 年全国 SAI 水平呈整体上升趋势，上升相对明显。从绝对数据上分析，河北地区近年来具有一定的规模优势。相对于其他桃果主产区来看，规模优势高于全国平均水平（图 4-3）。2016—2019 年河北省桃果的规模优势指数分别为 2.026、2.042、1.429、2.362，呈比较平稳的趋势，说明河北农民对于桃种植的偏好较为稳定，但近年来葡萄等果品种植偏好有所增加。

表 4-9 2016—2019 年中国产桃省（区、市）规模优势指数（SAI）

序号	地区	2016 年	2017 年	2018 年	2019 年
1	北京	3.965	4.436	4.348	5.815
2	天津	1.823	1.977	1.970	1.951
3	河北	2.026	2.042	1.429	2.362
4	山西	1.217	1.234	1.692	1.876
5	辽宁	0.900	0.940	1.136	1.422
6	上海	5.847	5.962	3.810	8.465
7	江苏	2.976	3.044	3.345	2.916
8	浙江	1.204	1.232	1.371	1.231
9	安徽	3.854	3.664	4.225	6.203
10	福建	1.076	1.075	0.473	0.721
11	江西	0.350	0.362	0.381	0.336
12	山东	2.462	2.551	2.932	2.544
13	河南	2.243	2.321	2.897	2.285
14	湖北	2.589	2.583	1.991	2.226
15	湖南	0.713	0.718	0.801	0.642
16	广西	0.345	0.331	0.226	0.260

(续表)

序号	地区	2016年	2017年	2018年	2019年
17	重庆	0.641	0.613	0.465	0.451
18	四川	0.972	0.942	0.998	1.116
19	贵州	1.491	1.244	1.502	1.212
20	云南	0.891	0.875	1.048	0.984
21	陕西	0.465	0.465	0.436	0.365
22	甘肃	0.487	0.510	0.273	0.674
23	宁夏	0.300	0.326	0.155	0.179
24	新疆	0.239	0.242	0.261	0.149
	全国平均	1.628	1.654	1.590	1.933

数据来源：《中国农业年鉴》计算得出。

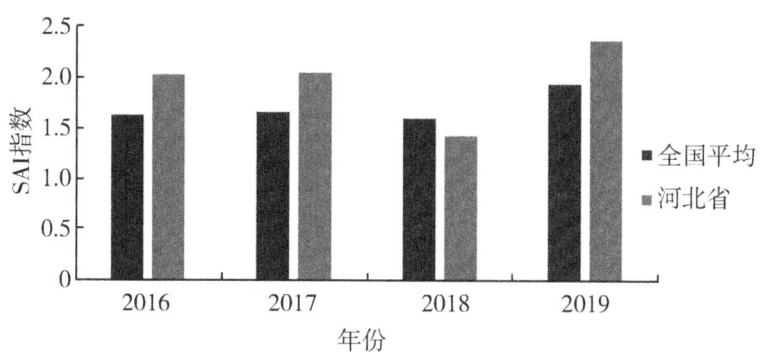

图 4-3　2016—2019 年全国平均及河北省 SAI 指数

数据来源：《中国农业年鉴》计算得出。

4.3.3　效率比较优势分析（EAI）

由表 4-10 分析得出，2019 年 24 个桃果主产省（市、区）的效率优势大于 1 的有 12 个，贵州、新疆、北京、陕西、云南、天津、四川、山西、甘肃、河北、河南、江苏的效率优势指数分别为 2.560、2.291、1.876、1.635、1.503、1.461、1.329、1.274、1.165、1.124、1.057、1.018。近几年主产省（区、市）中天津、江苏、福建、河南、陕西、重庆的效率优势指数呈上涨趋势。山西、辽宁、广西近年来的效率优势指数呈整体下降趋势，说明近年来这几个省（区）的桃效率水平有所降低。

河北省 2016—2019 年的效率优势指数分别为 0.795、0.778、1.155、1.124。2016 年、2017 年、2019 年低于全国平均水平，2018 年高于全国平均水平（图 4-4）。说明河北省桃的效率优势不明显。

表 4-10　2016—2019 年中国产桃省（区、市）效率优势指数（EAI）

序号	地区	2016 年	2017 年	2018 年	2019 年
1	北京	1.729	1.510	1.546	1.876
2	天津	1.325	1.186	1.262	1.461
3	河北	0.795	0.778	1.155	1.124
4	山西	1.437	1.603	1.305	1.274
5	辽宁	1.527	1.553	1.197	0.941
6	上海	0.275	0.427	0.824	0.767
7	江苏	0.921	0.931	0.964	1.018
8	浙江	1.029	1.015	0.924	0.952
9	安徽	0.841	0.943	0.737	0.898
10	福建	0.262	0.256	0.585	0.999
11	江西	0.544	0.464	0.441	0.533
12	山东	0.924	0.089	0.805	0.951
13	河南	0.787	0.789	0.669	1.057

(续表)

序号	地区	2016年	2017年	2018年	2019年
14	湖北	0.501	0.563	0.736	0.607
15	湖南	0.483	0.454	0.434	0.622
16	广西	0.528	0.536	0.708	0.522
17	重庆	0.571	0.597	1.064	0.767
18	四川	0.900	0.873	0.772	1.329
19	贵州	1.028	1.115	0.960	2.560
20	云南	0.629	0.682	0.519	1.503
21	陕西	1.220	1.171	1.305	1.635
22	甘肃	0.808	0.692	1.454	1.165
23	宁夏	0.623	0.574	1.874	0.762
24	新疆	1.087	1.104	0.716	2.291
	全国平均	0.866	0.829	0.956	1.151

数据来源：《中国农业年鉴》计算得出。

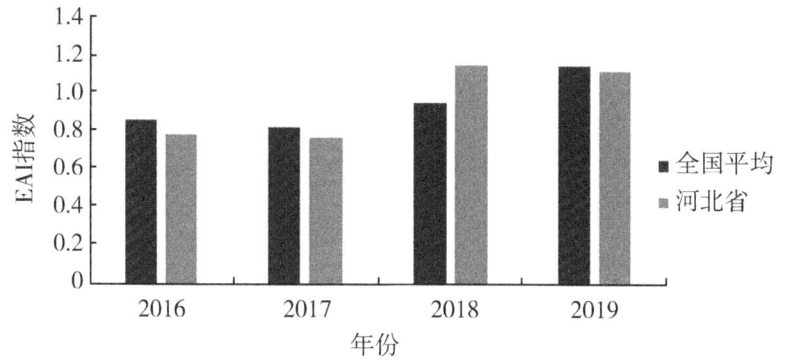

图 4-4　2016—2019 年全国平均及河北省桃产业 EAI 指数

数据来源：《中国农业年鉴》计算得出。

4.3.4 综合比较优势分析（AAI）

如表4-11所示，2019年综合比较优势指数大于1的省（市）有15个，从高到低依次为北京、上海、安徽、贵州、江苏、天津、河北、山东、河南、山西、四川、云南、湖北、辽宁、浙江，其中居前三位的省（市）分别为北京（3.303）、上海（2.548）、安徽（2.360）。作为产桃大省的山东和河北综合规模优势分别为1.555和1.629。河北和山东的综合比较优势相对于北京、上海、安徽依然较低。北京平谷大桃的品牌优势、管理优势、品质优势等使北京地区桃的综合比较优势高于其他地区。

近几年，河北省综合比较优势指数在1.3左右，与全国水平相比具有一定综合比较优势，但与北京等省市还有一定差距。

表4-11　2016—2019中国桃主产区综合比较优势指数（AAI）

省（市）	2016年	2017年	2018年	2019年
河北	1.269	1.260	1.285	1.629
山东	1.508	0.476	1.536	1.555
北京	2.618	2.588	2.593	3.303
辽宁	1.172	1.208	1.360	1.157
湖北	1.139	1.206	1.465	1.162
安徽	1.800	1.859	1.765	2.360
上海	1.268	1.596	1.772	2.548
贵州	1.238	1.178	1.201	1.761
江苏	1.656	1.683	1.796	1.723
天津	1.554	1.531	1.577	1.689
河南	1.329	1.353	1.939	1.554
山西	1.322	1.406	1.486	1.545
四川	0.935	0.907	0.878	1.218

(续表)

省（市）	2016年	2017年	2018年	2019年
云南	0.749	0.772	0.738	1.216
浙江	1.113	1.118	1.126	1.083

数据来源：《中国农业年鉴》计算得出。

4.4 全国各省（区、市）桃产业系统聚类分析

4.4.1 模型理论

聚类分析是在没有先验知识时，按照反映对象特征的数据对样品或指标进行系统的分类，基本思想是在不知道分为几类的前提下，将每个样本对象作为一类，然后根据样本之间的相似程度并类，再与其他类之间的距离选择相近者一层层进行并类，包括自上而下的分解法和自下而上的合并法两种方式。

4.4.2 模型构建与数据选取

本章节以全国24个桃主产区为分析对象，以2019年桃园面积、桃总产量、每公顷桃产量、桃人均产量、桃占水果面积的比重等特征（表4-12）作为对象特征。在数据整理过程中，部分省（区、市）因产量很低而导致官方的统计数据短缺，但并不影响聚类的整体结果。使用SPSS软件，利用多元统计分析方法对各省（区、市）桃产业生产情况进行系统聚类。选取桃园面积（$X1$）、桃总产量（$X2$）、每公顷桃产量（$X3$）、桃人均产量（$X4$）、桃占水果面积的比重（$X5$）5项作为影响河北省桃产业生产的指标因子，聚类结果见图4-5。

表 4-12 2019 年各省（区、市）桃产业种植情况

省（区、市）	桃面积/万公顷	桃产量/吨	产量/（吨/公顷）	省内人均产量/千克	占水果栽种面积的比重/%
全国	100.500	15 000 000	14.93	10.71	8.15
北京	2.077	390 000	18.78	18.11	47.10
天津	0.422	80 000	18.96	5.12	15.80
河北	9.682	2 090 000	21.59	27.53	19.13
山西	5.695	1 513 481	26.58	40.59	15.19
辽宁	4.082	634 600	15.55	14.58	11.51
上海	0.925	143 000	15.46	5.89	68.57
江苏	4.724	750 000	15.88	9.29	23.62
浙江	3.205	423 000	13.20	7.23	9.97
安徽	8.053	1 530 460	19.00	24.04	50.25
福建	2.010	385 000	19.15	9.69	5.84
江西	1.143	66 527	5.82	1.43	2.72
山东	12.060	3 300 000	27.36	32.77	20.60
河南	8.040	1 800 000	22.39	18.67	18.51
湖北	6.901	700 000	10.14	11.81	18.03
湖南	2.800	209 342	7.48	3.03	5.20
广西	2.814	227 500	8.08	4.59	2.10
重庆	1.180	112 800	9.56	3.61	3.65
四川	7.055	1 164 000	16.50	13.90	9.04
贵州	6.719	892 600	13.28	24.64	9.82
云南	5.205	930 400	17.88	19.15	7.97
陕西	3.350	810 000	24.18	20.90	2.95
甘肃	1.742	270 000	15.50	10.20	5.46
宁夏	0.150	10 000	6.67	1.44	1.45
新疆	1.9052	299 502	15.72	11.87	1.21

数据来源：国家桃产业技术体系计算所得。

4.4.3 结果分析

根据聚类结果（图 4-5、表 4-13），结合各省（区、市）桃产业实际状况，将全国 24 个桃主产区 2019 年桃的生产能力划分为四大类。第一类包括山东省，这个地区的产业特点为：现有规模大，总产量和单位面积产量都很高，生产能力高于全国平均水平。2019 年山东产区的桃产量为 330 万吨，居全国第一位。总产量占全国总产量的 22%，总面积占全国总种植面积的 12%。第二类包括河北、山西、安

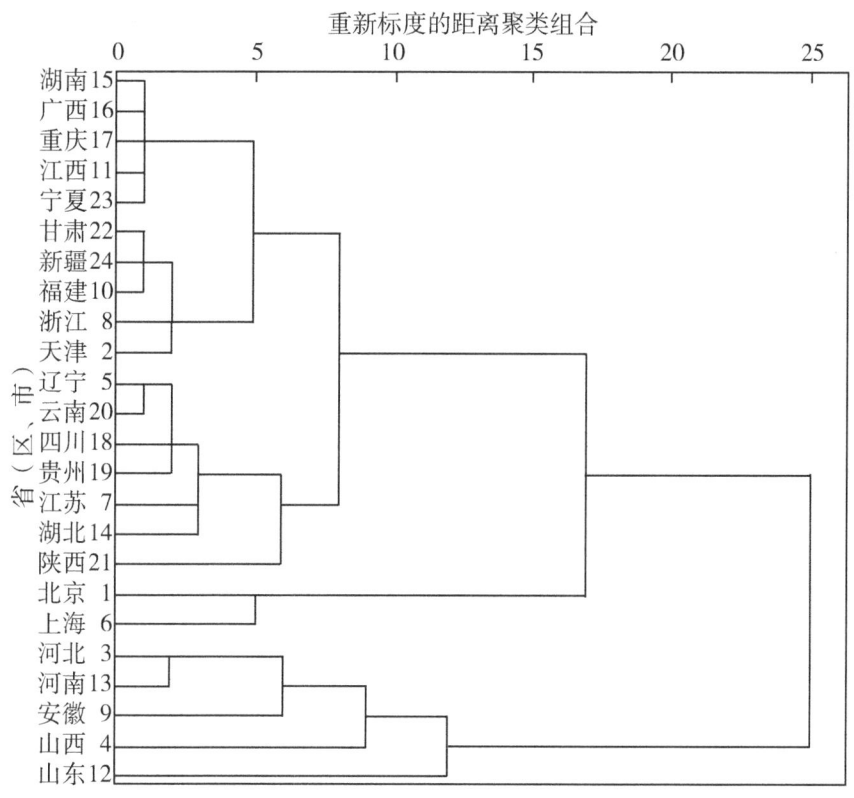

图 4-5 24 个省（区、市）桃产业系统聚类分析

数据来源：国家桃产业技术体系。

徽、河南等。这些地区的特点是：桃种植规模较大，且近年来种植规模快速增长。2019 年上述地区的产量分别为 209 万吨、151.35 万吨、153.05 万吨、180 万吨。总产量占全国总产量的 46.2%，总面积占全国总种植面积的 31.3%。第三类包括北京、上海，这些地区的产业特点为：种植规模相对较大，单产低于第一、二类省份，但是桃种植面积占省内水果种植面积比例高于第一、二类地区。第四类包括天津、辽宁、江苏、浙江、福建、江西、湖北、湖南、广西、重庆、四川、贵州、云南、陕西、甘肃、宁夏、新疆等，这些地区的产业特点为：桃的面积和产量比较低，人均产量较低，在桃产业上不占优势。

表 4-13 分成四类时各类桃产业的统计量

分类	项目	X1	X2	X3	X4	X5
类1	平均值	15.01	266 500	17.12	12	57.835
	个数	2	2	2	2	2
	标准偏差	5.76	123 500	1.66	6.11	10.735
类2	平均值	32.592 41	468 545.352 9	13.738 235	10.145 882	8.02
	个数	17	17	17	17	17
	标准偏差	21.541 258	343 467.339	4.970 567	6.672 978	6.140 950
类3	平均值	78.675	1 733 485.25	22.39	27.707 5	25.77
	个数	4	4	4	4	4
	标准偏差	14.209 445	235 131.931 6	2.724 344	8.079 562	14.212 706
类4	平均值	120.6	3 300 000	27.36	32.77	20.6
	个数	1	1	1	1	1
	标准偏差	—	—	—	—	—
总计	平均值	42.474 625	780 508.833 3	16.029 583	14.17	15.653 75
	个数	24	24	24	24	24
	标准偏差	31.142 595	775 147.893 1	5.905 651	10.117 006	16.661 547

通过聚类分析可以看出，河北省桃产业的种植规模优势和单产使河北省桃产业具有一定的竞争力。

4.5 结　论

本章基于比较优势理论和竞争优势理论，运用显示性指标、综合比较优势指标与其他省（区、市）作对比，分析了河北省桃产业的竞争力，并对全国24个地区的桃产业做了聚类分析，得出以下结论。

一是从显示性指标来看，在市场占有率上，河北省桃产业在全国占有较高的市场份额，2016—2018年居全国第三位，2019年居全国第二位，因而河北省桃产业市场占有率优势明显；资源禀赋系数上，河北省仅次于山西省，具有较强的区域比较优势。

二是从分析性指标来看，在成本收益上，河北省桃生产投入大、成本高、总收入高，但是价格和净收益上优势不明显，说明河北桃产品的品种和果品质量有待提升，产业竞争有待从量的竞争上升到质的竞争。

三是从比较优势分析来看，河北省桃产业具有规模比较优势。效率比较优势相对不明显，低于全国平均水平。这主要是由于河北省作为农业大省，梨和苹果的种植优势明显，与之相比桃虽然是河北省第三大水果，但省内对桃产业的重视相对较低，桃产业的专业化组织相对比较少，桃产业的生产技术水平还有待提升。河北省桃产业具有一定的综合比较优势，但综合比较优势低于北京等地区。综合比较优势主要来自于种植面积、产量和单位面积产量上的优势。

四是通过聚类分析可以看出，河北省桃产业在全国属于二类地区，这类地区特点为：种植面积和产量仅低于一类地区山东省，具有一定规模优势，相对于北京、上海等三类地区，河北省桃单产高，桃占省内水果种植面积比例低，销售价格偏低。

总之，河北省桃产业的种植规模优势和单产优势使河北省桃产业具有一定的竞争力。

5 河北省桃产业竞争力影响因素分析

桃产业竞争力是某个区域的桃产业通过利用自身的生产要素，以及对自身资源进行高效配置，进而实现比其他区域的桃产业更有效的提供产品和服务以占领市场的能力。研究桃产业竞争力最重要的是要找出影响桃产业竞争力的各项因素，用以具体地解释分析桃产业竞争力的现实状况的原因，进而为提升河北省桃产业的竞争力提出有效的建议。本节根据波特的钻石模型来对河北省桃产业竞争力影响因素进行分析，结合河北省桃产业的现实状况，利用灰色关联度模型分析各影响因素对竞争力的影响度大小。

5.1 构建河北省桃产业影响因素的模型

本部分根据波特"钻石模型"六大影响要素，结合河北省桃产业发展现实状况，从桃产业竞争力的直接影响因素和具体影响因素分析，构建了多个因素间互相关联、相互作用的河北省桃产业竞争力影响因素模型，如图5-1所示。直接影响因素包括桃价格因素和非价格因素（质量等），是河北省桃产业竞争力的直接体现。间接影响因素包括生产要素、市场需求条件、生产经营主体、相关和支持产业、政府行为及相关政策，借鉴了"钻石模型"动态体系，将影响河北省桃产业竞争力的具体因素形成了一个多因素相互作用的分析系统。

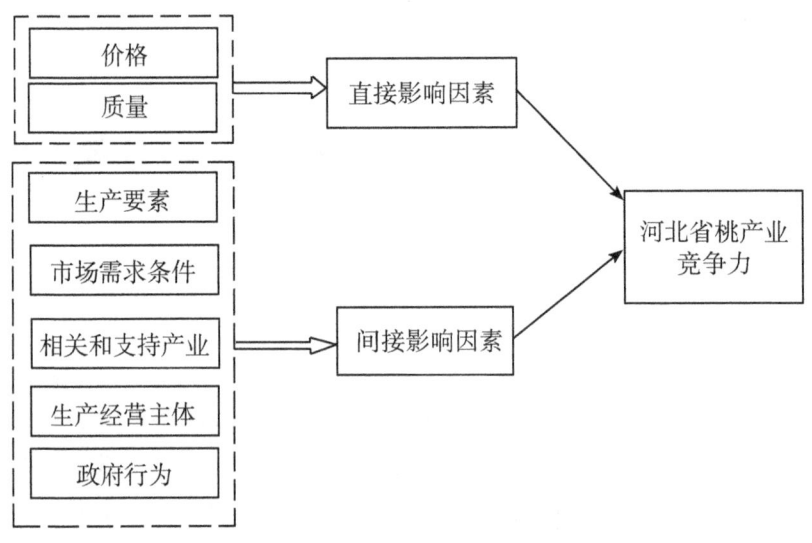

图 5-1 河北省桃产业竞争力影响因素模型

5.2 河北省桃产业竞争力的直接影响因素

农产品产业竞争力的直接影响因素也就是指农产品自身的产品竞争力，包括价格因素和质量因素。桃产业竞争力的直接影响因素指标包括桃价格、质量、品种等多方面的因素，具体是指桃生产的平均售价、桃品质、品种结构等。

5.2.1 价格因素

农产品的价格是决定区域农产品竞争力的基本因素，在产品无差异的情况下，销售价格越低的农产品竞争力越强。相同售价的鲜桃，生产成本越低，产品竞争力越强。

2013—2019 年，河北省桃销售价格有涨有降，平均价格低于全国平均销售价格水平（图 5-2）。2013 年由于桃的总产量下降，桃销售价格上涨,大量农民又开始栽种桃树,导致 2014 年桃价格开始下降。可见,在河北省桃栽种品种比较稳定的情况下,桃价格很大程度上受到桃种植面积和产量的影响,反过来看,桃价格也很大程度影响着桃农的积极性和桃园种植面积。同时,由表 5-1 可以看出,2013—2019 年水果的生产价格指数呈现先下降后缓慢增长的趋势,河北省桃平均价格与河北省水果生产、消费、零售价格指数走势相似,消费价格指数和零售价格指数随生产价格指数呈先下降后缓慢增长的趋势。

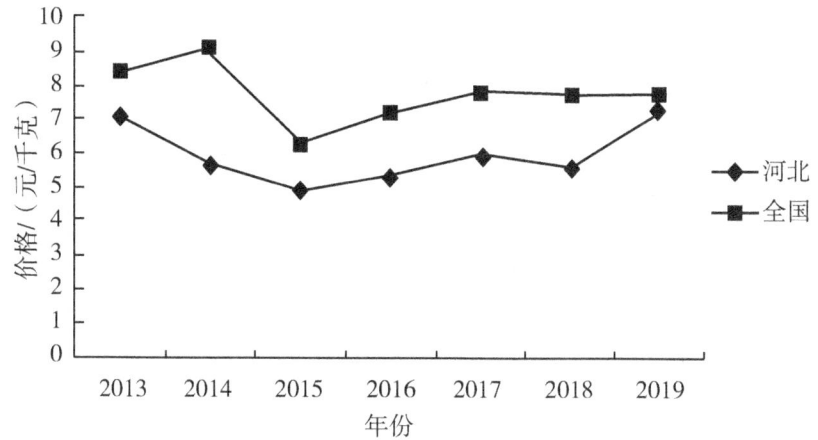

图 5-2　2013—2019 年河北省桃的平均价格

数据来源:农产品价格信息网(http://www.3w3n.com)。

表 5-1　2013—2019 年河北省水果生产、消费、零售价格指数

项目	年份						
	2013	2014	2015	2016	2017	2018	2019
水果生产价格指数(上年=100)	112.3	103.5	85.91	82.23	102.9	114.9	102.5
鲜果类消费价格指数(上年=100)	108.0	108.0	92.1	96.1	95.2	94.3	108.6

(续表)

项目	年份						
	2013	2014	2015	2016	2017	2018	2019
干鲜瓜果类零售价格指数（上年=100）	105.8	117.0	93.3	97.3	103.0	106.3	106.6

数据来源：《河北经济年鉴》（2014—2020）。

5.2.2 质量因素

随着人们消费水平的提高，消费者对果品需求从量的要求提高到质的高度。因而，林果产业发展过程中，在重视水果产量的同时，更要抓好果品的质量，才能使水果产业拥有可持续发展的竞争优势。同样，在桃产业竞争力的直接影响因素中，果品质量因素的影响越来越大。果品质量包括果品品质和果品结构。

影响果品品质的因素有很多，从自然环境条件，到水肥、修剪、套袋授粉等技术使用，到采收分级，再到贮运销售，每个环节都影响着果品的质量，因而实现果品质量的提升是一个长期而科学的过程。

（1）果品品质

桃的果品品质由桃果的品种、外形、口感等方面共同构成，直接影响着桃的销售价格及市场美誉度。近年来，河北省桃产品的果品品质和品种质量不断提升。深州蜜桃作为传统的桃产区，以其独特的品种优势和果品质量闻名全国。另外，河北多个桃产区已取得绿色食品认证，如顺平的桃果实个大、面洁、色艳、香甜，并实现了90%以上套袋，实现内在品质和外观质量的结合，在省内外形成了一定的口碑。

但是，河北大多数桃产区只是在总产量及单位面积产量上有一定优势，桃果质量不高，难以形成地方特色品牌，河北省桃果在品种、外形、口感等方面有待于进一步提升。

(2) 品种结构

河北省适宜多类桃品种的生长，优质桃品种丰富，普通桃、油桃和蟠桃均有种植，早熟、中熟和晚熟品种均有涉及，品种结构呈多样化。近年来，随着农业科技的不断发展，河北省在自身丰富的桃品种基础上不断引进、研发新品种，满足了市场需求。

河北省主要桃品种有超过100个，种植最多的品种是"大久保"，"京玉"和"庆丰"的种植也较多。由于自然环境的差异，在长期的栽培选择过程中，河北省北部与中南部呈现出不同的品种分布特点。北部产区主要集中在唐山、秦皇岛，具体包括昌黎、乐亭等产区，气温较低，适合耐寒品种及设施桃的种植，主要品种有"绿化九""春蜜"等，设施桃主要品种有"春雪""金奥""金辉""中油11""中桃红玉"等。中南部气候适宜，桃种植历史悠久，适合多种品种栽培，其中"深州蜜桃"更是我国具有代表性的种植历史悠久的优质品种，其他主栽品种有"大久保""大京红""绿化九"等。

从品种结构的效益分析来看，设施桃的单价普遍较高。露天桃中，种植规模较大且效益比较好的品种有"绿化九""中油4号""早凤王""大久保"等。其中，"深州蜜桃"的效益相对较高，是河北省名优桃品种。

5.3　河北省桃产业竞争力的间接影响因素

5.3.1　生产要素供给

生产要素，是进行社会物质生产活动中所需要的各种社会资源，是产业活动的主要内容。生产要素，是经济学中的一个基本范畴。与桃生产相关的生产要素，主要包括自然环境、资本、劳动力，随着农业科学技术的发展和应用，技术、信息也成为桃生产活动中重要的生产要素。

(1) 自然环境

桃树是一种落叶小乔木果树，需要适宜的气候、地形、土壤、水源等自然环境条件，对自然环境的适应性较好。河北省位于华北平原，渤海湾西岸，土地面积辽阔，水源充足，交通便利，是我国传统的桃种植区。

● 气候条件

河北省位于华北平原，是典型的温带大陆性季风气候，四季分明，年平均气温在 4~13℃，年日照时数约 2 300 小时，年无霜期 81~204 天，1 月最冷，平均气温在 3℃ 以下，7 月最热，平均气温 18~27℃。河北省的年均降水量为 485 毫米，降水 70% 集中在夏季，降水区域分布不均匀，燕山和太行山东部（秦皇岛、唐山等地）降水量高于 600 毫米，西部（保定等地）降水低于 450 毫米。整体来看，河北省春季干燥少雨，夏季多雨无酷暑，秋季凉爽日光足，冬季降雪无严寒，气候条件适合桃树的生长。

● 土壤条件

河北省土壤以棕壤、褐土、栗钙土、盐渍土等类型为主，比较适合农业发展。河北省有大面积山区适宜发展林果产业，同时，部分地区土壤为不适合粮食种植的沙化地、盐碱地，需要发展林果业来实现地区农业发展、农民增收。

● 农作物受灾面积

自然灾害包括干旱、洪涝、冰雹、霜冻等种类，往往会影响农业生产，甚至给农业产业和农民收入造成巨大损失。因而，如何预防和治理自然灾害成为农业可持续发展中的重大课题。桃种植业作为我国分布区域广泛的农业产业之一，不可避免地会遭受到各种农业自然灾害，产生鲜桃减产、桃农损失的后果。从表 5-2 分析来看，2019 年河北省农作物的受灾面积为 31.5 万公顷，占全国受灾总面积的 1.64%。由于桃种植对于水分有一定的要求，干旱灾害对桃产业的影响较大，要保证河北省桃产业稳健发展，就必须解决好桃生长过程中面对的干旱等自然灾害，尽可能降低桃园的受灾面积，保证桃果的产量和品质。2020年，受雹灾等自然灾害的影响较大，河北省在政府引导下积极推进农业保险制度，以降低自然灾害对农业产业生产和农民收入造成的冲击，这对于桃农应对桃生产面对自然灾害产生了重要影响。

表5-2 2015—2019年各省（市）农作物受灾面积

单位：万公顷

年份	全国	河北	北京	山西	山东	湖北
2015	2 177.0	179.9	0.6	114.3	137.9	111.6
2016	2 622.1	144.7	3.5	50.4	55.2	274.1
2017	1 847.8	71.8	0.7	82.1	85.7	143.7
2018	2 081.4	55.7	0.5	83.1	98.4	107.6
2019	1 925.7	31.5	0.3	147.4	134.1	143.0

数据来源：《中国农村统计年鉴》（2016—2020）。

（2）劳动力资源

劳动力资源是重要的生产要素之一，劳动力的数量、价格和素质影响着产业结构的变动。桃树种植业属于劳动力密集型产业，机械化程度低，修剪、授粉、套袋、采摘等多个生产环节需要投入大量劳动力。通过实地调研结果计算得出，河北省桃产业每亩的平均用工量约为83个，多为自有劳动力的投入，雇用劳动力平均日工资为110元左右。

河北省是我国人口大省，2020年人口总数达7 461.02万人，劳动力资源丰富，劳动力成本相对较低，在成本价格上具有一定的优势。但随着近年我国经济的发展和外出务工人口的增多，大量的农村青壮年劳动力流向城市，从事农业生产的劳动力机会成本越来越高，劳动力上的资源优势逐渐弱化。

劳动力的素质也影响着桃产业的发展。根据调研结果显示（表5-3、表5-4），河北省桃农的学历大多为初、高中，达到调研总数的80%，说明桃农的整体素质在提高。河北省和全国劳动力文化程度对比见图5-3。

表5-3 河北省农村居民家庭劳动力文化程度

年份	文化程度占比/%				
	不识字或识字很少	小学程度	初中程度	高中程度	大专及大专以上
2014	0.8	24.3	49.4	22.9	2.5
2015	0.8	23.8	49.2	23.3	2.8
2016	0.8	23.4	49.3	23.4	3.1
2017	3.2	29.8	54.7	10.8	1.5
2018	3.9	32.8	50.3	11.1	1.9
2019	3.6	32.5	50.8	11.2	2.0
平均	2.2	27.8	50.6	17.1	2.3

数据来源:《中国农村统计年鉴》(2015—2020)。

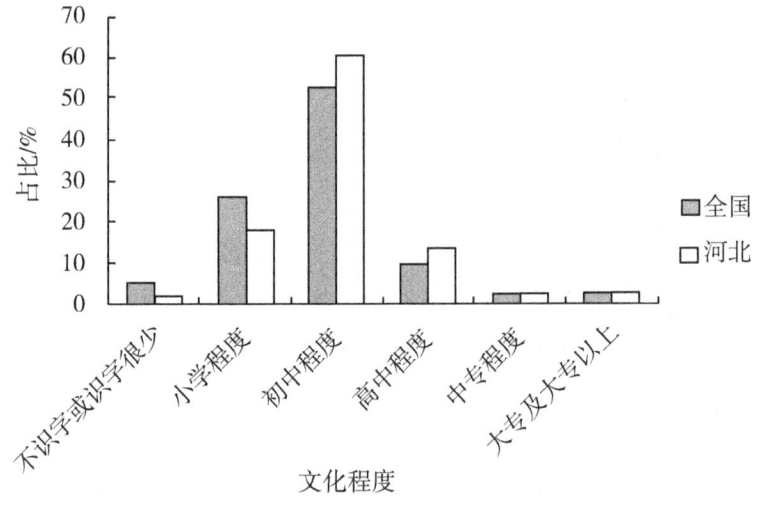

图5-3 河北省和全国劳动力文化程度对比

数据来源:《中国农村统计年鉴》(2015—2020)。

表5-4 河北省桃种植户基本特征

样本	描述	数量	百分比/%
性别	男	164	91.11
	女	16	8.89
年龄	60岁及以上	28	15.56
	50~60岁	68	37.78
	40~50岁	68	37.78
	40岁以下	16	8.89
学历	小学	16	8.89
	初中	64	35.56
	高中（包括中专）	80	44.44
	大学（包括大专）	20	11.11
务农人口	1人	16	8.89
	2人	84	46.67
	3人	60	33.33
	4人及以上	20	11.11
年家庭收入	2万元及以下	40	22.22
	2万~5万元	52	28.89
	5万~8万元	44	24.44
	8万元以上	44	24.44

数据来源：调研整理所得。

（3）土地资源

河北省土地面积辽阔，2019年总面积为1 888万公顷，全省耕地面积659.416万公顷。2019年，全省的水果种植面积50.6万公顷，桃园面积为6.3165万公顷，占水果种植面积的12.48%（图5-4）。

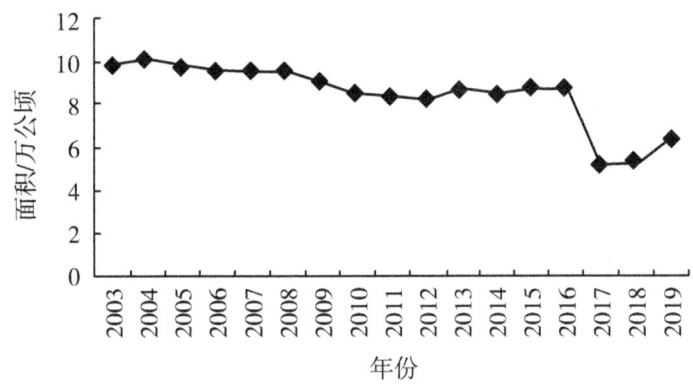

图 5-4 河北省桃园面积

数据来源：河北林业网（http://www.hebly.gov.cn/）。

河北省的耕地面积由 1996 年的 689.711 万公顷下降到 2019 年的 659.416 万公顷，下降了 4.39%。桃产业要实现可持续发展不能只追求规模效应，更应该注重果品的品质和生产效率的提升。

（4）资本投入和基础设施投入

资本，是生产关系中重要的物质载体，包括生产所需的人力、物力、财力资源。资本是产业维持和扩张的基本要求，资本供给的总量、及时性、充足程度、增长率等，对产业的形成和发展起着直接的影响作用。本部分主要从融资渠道和政府补贴两个方面来分析河北省桃产业的资本要素。

从融资渠道来看，河北省是经济大省，再加上靠近京津的地理位置，便于河北桃产业进行社会资本融资。但由于农业的贷款渠道窄、贷款额度小、抵押担保难等原因，导致桃加工产业融资相对困难。从政府补贴来看，我国政府的农业补贴政策主要涉及粮食、大田作物等农作物，在水果产业上几乎没有补贴。良种补贴、大型农业机械补贴等政府补贴，对于树苗更新换代慢、产业机械化程度低的桃产业来说，也很少能够得到。因而，河北省桃产业在生产阶段得到的政府补贴比较少，难以对桃产业进行有效的资金支持。

基础设施是从事农业生产必须进行的投入，桃产业生产设施包括种植环节的投入、贮运环节的投入和加工环节的投入。对桃产业来说，首先要考虑的是贮运，随着市场的扩大，对于用于鲜桃长期保鲜的低温冷库设施、用于仓储的厂房建设以及用于分拣包装等的加工设备投入要求越来越高。为了提高鲜桃的新鲜度，河北省各产区加强与科研机构合作，不断研发保鲜期更长的冷库装置。其次，随着人工成本的增加，农业生产对机械化、规模化、产业化要求越来越高，对于桃生产来说引入省工省力的农机设备和种植技术也越来越重要。另外，加工设备以及深加工设备逐渐加大投入，如分拣包装设备、有机肥加工设备等。

如表5-5所示，2013—2019年河北省对农业基本建设的投资大幅度增加，由2013年的794.72亿元增长到2019年的1 768.79亿元，增长了122.56%。农药和化肥上的资金投入量基本不变，生产资料总投入呈小幅度增长趋势。

表5-5　2013—2019年河北省农业生产投入

项目	年份						
	2013	2014	2015	2016	2017	2018	2019
农业基本建设投资/亿元	794.72	1 120.95	1 510.11	1 686.58	1 796.19	1 741.39	1 768.79
农用化肥施用折纯量/万吨	329.86	316.17	312.40	311.87	319.67	312.40	297.30
农药及农药机械生产资料价格指数（上年=100）	97.6	100.7	104.3	100.6	100.9	105.2	103.8
农业生产资料指数（上年=100）	104.4	100.6	118.6	106.9	101.0	103.2	103.1

数据来源：河北农村统计年鉴（2014—2020）。

(5) 其他生产要素——技术信息资源

河北省作为桃生产大省，传统的栽培经验丰富。靠近京津的优势地理位置，受到有效的科技信息辐射，在政府政策大力支持和农业科技不断发展的基础上，河北省桃产业加强与科研机构、农业院校的合作，培养了大批农业专家，逐步实现了桃产业的现代化。通过专家和技术人员长期的专业指导，实现了传统种植技术与现代科技的有效融合。

在技术方面，笔者通过问卷调查发现桃农对新技术的使用意愿很强，尤其在新品种、病虫害、修剪等方面。近年来，河北省引进、开发、推广了多项新的农业生产技术，病虫害防治、果树修剪、土壤改良等生产技术不断发展，提高了桃果产量和果品品质。同时，大力发展桃果加工技术，延长产业链。

在信息方面，与计算机网络平台接轨，利用信息技术建立了多个网络平台，及时准确地为种植户提供相关的政策信息、市场价格行情、生产技术、气象预测等农业相关信息，同时运用大数据进行中长期的市场行情的预测分析，以指导农户根据市场需求科学地安排农业生产经营。

5.3.2 市场需求条件

需求条件直接制约着产业的发展，需求结构的变化会影响生产结构和供给结构发生变化，进而导致产业结构的变化。

(1) 市场消费需求

人们生活水平的提高和收入的增加，促使消费者对桃产品消费的质量要求提高，对名、特、优产品的需求量增大。如表 5-6 所示，2010—2019 年我国城镇居民可支配收入呈持续上升的趋势，平均增长率为 8.34%；河北省城镇居民可支配收入低于我国平均水平，以平均增长率 8.24% 的速度持续增长。近年来，河北省桃产业在注重产量的前提下，开始更加注重桃的品质，通过标准化生产、绿色化认证等多种方式提高市场的美誉度、认可度,以较好的口碑活跃在京津冀市场,并大量销往南方市场和东北市场。以"深州蜜桃"为代表的名优特产品,更是供不应求,出现了桃销售旺季"客户上门买,快递门口站"的特色景观。

表5-6　2010—2019年我国城镇人均可支配收入

项目	年份									
	2010	2011	2012	2013	2014	2015	2016	2017	2018	2019
我国人均可支配收入/元	19 109	21 810	24 565	26 955	28 844	31 185	33 616	36 396	39 251	42 359
环比增长率/%	—	14.13	12.63	9.73	7.01	8.12	7.80	8.27	7.84	7.92
河北省人均可支配收入/元	16 263	18 292	20 543	22 580	24 220	26 152	28 249	30 548	32 977	35 738
环比增长率/%	—	12.48	12.31	9.92	7.26	7.98	8.02	8.14	7.95	8.37

数据来源:《中国统计年鉴》(2011—2020)。

(2) 市场需求结构

从表5-7看出,河北省农村居民的水果消费量低于粮食、蔬菜消费量,排在所有食品消费量的第三位,主要食品消费以粮食为主。近年来河北省农村居民水果消费量呈大幅度增长趋势,2019年水果消费量比2013年增长了53.01%。从表5-8和表5-9可以看出,河北城镇居民的主要食品消费以粮食和蔬菜为主,水果的消费量比较稳定,人均60千克左右。从图5-5可以看出,河北省城镇居民的水果消费量要高于农村居民的消费量,但农村居民的水果消费量呈明显上升的趋势,城镇居民水果消费量比较稳定。2010年河北省城镇居民水果的消费量为51.45千克/人,是农村消费量的4.15倍。2019年城镇和农村居民人均消费量分别为80.08千克和57.41千克,城镇人均水果消费量降低到农村消费量的1.4倍。说明随着农村居民消费水平的提升,水果需求量也大幅度提升,但增长到一定水平后就会和城镇居民一样保持在一个比较平稳的消费量上,消费倾向更注重于果品品质。

表5-7　2013—2019年河北农村居民人均主要食品消费量

单位：千克/人

类别	年份						
	2013	2014	2015	2016	2017	2018	2019
粮食	178.50	167.60	145.41	138.54	134.25	138.63	157.55
蔬菜	72.49	79.80	80.61	79.63	75.09	83.69	83.35
水果	37.52	39.98	41.51	44.75	46.85	49.88	57.41
肉禽	17.21	17.89	18.58	18.78	19.13	22.84	20.01

数据来源：《河北经济年鉴》（2014—2020）。

表5-8　2015—2019年河北省城镇居民人均主要食品消费量

单位：千克/人

类别	年份				
	2015	2016	2017	2018	2019
粮食	115.72	121.95	114.80	122.96	130.49
蔬菜	91.15	104.12	100.39	107.50	111.84
水果	53.75	62.72	63.34	71.48	80.08
肉禽	28.00	28.95	28.16	33.06	30.95

数据来源：《河北经济年鉴》（2016—2020）。

表5-9　2010—2019年河北省人均水果消费量　　单位：千克/人

项目	年份									
	2010	2011	2012	2013	2014	2015	2016	2017	2018	2019
城镇居民	51.45	51.62	56.57	50.66	52.69	56.75	62.72	63.34	71.48	80.08
农村居民	12.41	19.82	23.15	37.52	39.98	41.51	44.75	46.85	49.88	57.41

数据来源：国家统计局（http://www.stats.gov.cn/）。

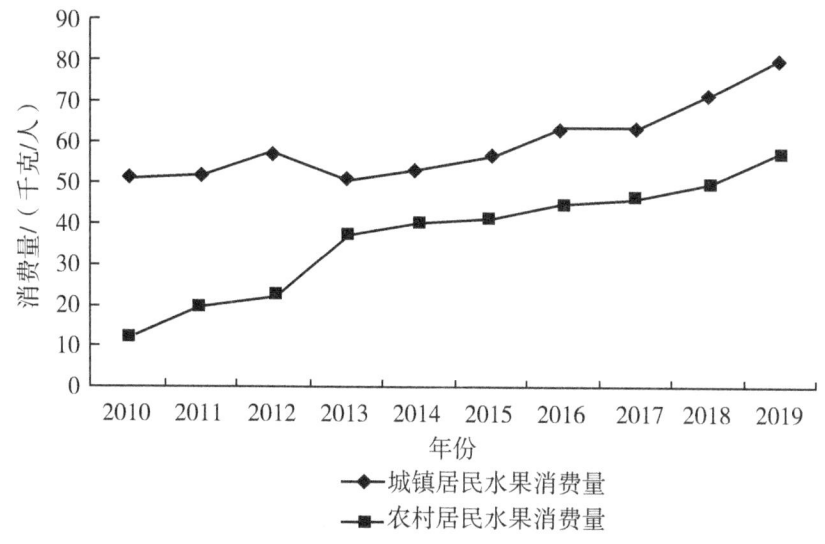

图 5-5　2010—2019 年河北省城镇居民和农村居民水果消费量

数据来源：《河北农业统计年鉴》(2011—2020)。

5.3.3　生产经营主体

生产经营主体是影响桃产业竞争力的重要因素，主要包括经营者的素质、经营规模、产业的组织结构等。农村土地以家庭承包为主，我国农业规模化程度低，组织化生产经营成为我国经营主体提高竞争力的重要方式。对桃产业来说，农业专业合作社是提高桃产业组织化程度的重要形式，龙头企业是带动农业产业化经营的关键。

(1) 农业专业合作社

农业专业合作社是进行组织化生产和组织化销售的重要组织形式。2019 年河北省的农民合作社的数量达到 11.72 万家，比 2016 年增加了 16.7%，农民合作社数量居全国第三位，省级示范合作社达到 1 163 家。河北省桃产业各产区成立了多个果品产业专业合作社，实现桃产品的组织化生产、销售，形成规模效应，增加了农民收入，形成互利共赢的局面。在生产环节统一订购树苗、化肥、纸袋、农药等生产原材料，推广先进的种植技术，为果农提供政策咨询、技术支持和信息服务；销售环节统一销售提高了议价能力和市场开拓能力，提高桃农的销售价格；另外，合作组织利于当地桃产业和销售、加工企业进行合作，实现了农超对接、引入了"汇源"等龙头加工企业。

（2）龙头企业

河北省鼓励农业龙头企业发展，积极引进外地龙头企业，支持本地小型企业兼并、合作发展为龙头企业。2019年水果产业的龙头企业共258家，比2018年增加了9.8%，其中石家庄、保定、衡水、秦皇岛、唐山等桃主产区的龙头企业个数分别为45个、34个、17个、13个、39个（表5-10）。

表5-10 河北省水果产业龙头经营组织个数

地区	全省	石家庄	保定	衡水市	秦皇岛	沧州	唐山
个数/个	258	45	34	17	13	38	39

数据来源：《河北农村经济年鉴》（2020）。

5.3.4 相关和支持产业

桃产业的长期发展需要相关和支持产业的辅助、支持，共同构成较为完善的桃产业发展体系。桃产业的组织行为从横向分主要包括桃种植业、桃加工业和生态桃园观光旅游产业，从纵向分包括提供苗木、农药、化肥、薄膜袋等的生产资料上游产业，桃产品的包装、加工、销售、宣传等下游产业。桃的相关产业主要是指纵向产业组织行为中的上游产业和下游产业。

（1）生产资料企业

农业生产资料是农产品生产的重要物质保障，保证了农产品生产过程的顺利进行。我国桃品种多，育苗周期短，苗木企业多而小，苗木企业无序推广新品种，很多苗木满芽不足。近年来，河北省政府加大了对当地的纸箱厂、纸袋厂等农业生产相关企业的扶持力度，从资金和政策上给予支持。如，顺平县的顺达纸业有限公司已成为国内规模较大的育果袋生产厂家，年可生产各类果袋纸1万吨。

（2）加工企业

河北省果品加工企业规模不断扩大，2019年果品加工企业数量达到102个，产值达到2 515 706万元（表5-11）。一方面，河北省靠近京津的优势地理位置、丰富的劳动力资源以及特色的水果产业优势吸引了多个大型加工企业来当地投资建厂。另一方面，在政府引导下，鼓励小型加工企业兼并、合作，发展了几个龙头加工企业，引进并开发先进的桃深加工技术以及质量检测的先进技术设备，加工标准与国际接轨，扩大传统罐头食品市场，创新开发果汁、果冻、罐头、桃干、速冻品、果酒、桃胶等加工新产品。

表5-11　河北省果品加工企业发展情况

项目	2014年	2015年	2016年	2017年	2018年	2019年
果品加工企业数量/个	96	99	111	117	111	102
果品加工企业产值/万元	2 837 594	2 924 805	2 341 900	2 508 520	2 588 845	2 515 706

数据来源：《河北农村统计年鉴》（2015—2020）。

（3）物流运输业

随着我国经济的高速发展，物流运输业在农业产业发展中发挥着越来越重要的作用。对于桃产品这种难以贮运的果品来说，物流运输业的发展尤为重要。

不同品种的桃在不同贮藏条件和贮藏方式下，会产生不同的贮藏效果。为了延长鲜桃的销售时长、扩大鲜桃的运输距离，河北桃产区与河北农业大学、中国农业大学等多所科研院所合作，致力于鲜桃保鲜问题的研究，建设了多个专业冷藏库，并为长途运输提供专业方法。

"线上"销售发展迅速，果农通过和微信、淘宝等电商平台以及顺丰等快递公司的合作，打开了新市场。例如，顺丰快递与深州市桃农合作，将顺丰快递的物流渠道与电商销售平台结合起来，采用统一包装、统一商标，单独分拣，专人、专车、专机服务，12~48小时送达保证，打造全新的水蜜桃销售和运输模式，开启桃产业销售的"互联网+"模式，扩大了当地蜜桃的销售渠道，桃农从中获取更大的收益。另外，河北省果品销售开始引入发展"新零售"模式，实体零售果品店和电商平台结合起来，线上下单送货上门，实现了水果销售线"线上"+"线下"模式的完美融合。

5.3.5 政府行为及相关政策

政府的农业政策往往是农业产业发展和竞争力提升的重要影响因素，政府不是直接干预农业产业经济的，而是通过各种行为及政策为农业产业创造更为有利的竞争环境。例如，生产基础设施建设，农业科技投入、技术推广、标准化体系建设、龙头企业和合作组织建设等，都需要政府的投入。

（1）贯彻落实国家相关农业政策

我国政府针对农业产销出台了一系列政策，如财政补贴、免征农业税、鼓励农村信贷、农业政策性保险等。通过这些相关政策的落实，一定程度上激发了桃主产区农民的生产积极性、提升桃产业生产效率、引导部分社会资金流向桃产业，对于加快桃产业的发展产生了直接、有效的影响。

（2）地方政府出台多项相关产业经济政策

2012年来，河北省林果产业"四十个工程"大力发展，实现了果品基地建设、果品提质增效；2014年落实《河北省人民政府关于加快建设果品产业强省的意见》，调整农业产业结构，推动京津冀协同发展，加快现代林果业建设进程，大力开展现代林果业示范园区建设；2016年《河北省现代农业发展"十三五"规划》中指出，要大力发展水果产业，加强良种繁育体系建设，推进标准化建设，健全果品质量追溯平台，拓展果品销售渠道，提升水果产品竞争优势；2017年河北省林业厅关于《建设果品质量安全追溯体系、开展"互联网+林果"工作的通知》，加快建设果品质量安全追溯体系，推进林果供给侧结构性改革，通过"互联网+"搭建产销平台，促进农民脱贫致富。2019年《河北省做大做强农业优势特色产业行动方案（2019—2022年）》提出，到2022年，全省农业特色产业得到快速发展，特色产业科技服务体系基本建立，科技成果转化率达到60%以上，标准化生产覆盖率由57%提高到75%以上。扩大优质苹果、桃等果品高质量发展。

（3）政府主导成立桃产业技术体系

2008年，在农业部（现农业农村部）、财政部主导下建立了国家桃产业技术体系，由产业研发中心和综合试验站两个层级构成，河北省建有2个地方的综合试验站，包括昌黎试验站、石家庄试验站，负责昌黎、乐亭、深州、顺平等示范县的桃产业相关工作。2018年河北省水果产业技术体系成立，产业技术体系对于地方桃产业技术研发推广、切实解决当地桃种植户的实际问题起到了重要作用。

5.4 河北省桃产业竞争力影响因素的灰色关联度分析

5.4.1 灰色关联度评价指标体系构建

河北省桃产业竞争力的影响因素很多，而且很多因素的信息不完全、难以用数值定量衡量。因而，本部分选取影响因素评价中具备客观性和可操作性的竞争力指标（表5-12），通过灰色关联分析方法计算分析河北省桃产业竞争力影响因素的指数。

表5-12 河北省桃产业竞争力影响因素评价指标

一级指标	二级指标
市场环境	桃产量/万吨 水果城镇居民人均消费量/千克 水果农村居民人均消费量/千克 水果生产价格指数（上年价格=100） 鲜果类消费价格指数（上年价格=100） 农村居民可支配收入/元 城镇居民可支配收入/元
自然因素	果园水果面积/×10^3公顷 森林覆盖率/% 农作物受灾面积/×10^3公顷
生产条件	年末耕地面积/×10^3公顷 耕地有效灌溉面积/×10^3公顷 有效灌溉率/% 农用机械总动力/万千瓦 桃种植面积/×10^3公顷
经营主体状况	水果农业龙头经营组织/个 种植业生产加工基地产值/万元
社会因素	河北人口数量/万人 农村高中以上文化比例/% 农业基本建设投资/亿元 河北地区生产总值/亿元

5.4.2 灰色关联度模型理论

灰色关联度是指各因素之间发展趋势的相似（或相异）的程度，是一种用来衡量各因素之间关联程度的多因素评估方法。灰色系统关联分析通过对关联的时间序列或空间序列间相似度的计算，将灰色系统内相关联的影响因子间的关联度进行量化比较，两个序列间的变化趋势越一致,说明两个序列间关联度越大;反之,则说明两个序列间关联度较小。灰色关联模型理论将定性分析和定量计算进行了有效的结合,对样本量的数量和样本规律性要求不高,具有客观合理性和可操作性,弥补了采用数理统计方法进行数据分析的不足。

灰色关联度的计算方法如下。

第一步,设 n 维系统行为特征的参数数列和系统行为的比较序列为:

$$X_0 = [x_0(1), x_0(2), \cdots, x_0(n)]$$
$$X_1 = [x_1(1), x_1(2), \cdots, x_1(n)]$$
$$\cdots$$
$$X_i = [x_i(1), x_i(2), \cdots, x_i(n)]$$

第二步,对序列进行无量纲化处理,经常会使用均值法或初值法。

• 均值法

设参考数列 X_0,比较数列为 X_i ($i=1, 2, \cdots, n$),用每一列数据分别除以该列算数平均数,计算出处置数列 $X_0(k)$ 和 $X_i(k)$ 的初始化交点 $x_i(1)$,计算公式如下:

$$x_i(k) = x'_i(k) / \frac{1}{n} \sum_{k=1}^{N} x'_i(k), \ k = 1, 2, \cdots, N$$

• 初值法

设参考数列 X_0,比较数列为 X_i ($i=1, 2, \cdots, n$),用每一列数据分别除以该列第一个数据,计算出处置数列 $X_0(k)$ 和 $X_i(k)$ 的初始化交点 $X_i(1)$,计算公式如下:

$$x_i(k) = x'_i(k) / x'_i(1), \ k = 1, 2, \cdots, N$$

第三步,求出灰色关联系数 $\xi(Xi)$。

找出 i 列的最大值 $\max_k \Delta_i(k)$ 和最小值 $\min_k \Delta_i(k)$,再比较不同列的最大值和最小值,找出最终的最大值 $\max_i \max_k \Delta_i(k)$ 和最小值 $\min_i \min_k \Delta_i(k)$。

则,关联系数为:

$$\xi_{0i}(k) = \frac{\min_i \min_k \Delta_i(k) + \sigma \max_i \max_k \Delta_i(k)}{\Delta_i(k) + \sigma \max_i \max_k \Delta_i(k)}$$

σ 为分辨率，通常取 0.5。

第四步，X_0 和 x_i 的关联度为：

$$r_{0i} = \frac{1}{n} \sum_{k=1}^{n} \xi_{0i}(k)$$

第五步，关联度排名。

影响因素的关联度排名，依靠参数序列和比较序列之间关联度大小的次序依次排列，影响因素之间越相似，关联度越大。

5.4.3 数据处理

（1）数据搜集整理

设定河北省桃产业竞争力影响因素的评价指标水果城镇居民人均消费量、水果农村居民人均消费量、水果生产价格指数、鲜果类消费价格指数、农村居民可支配收入、城镇居民可支配收入、果园水果面积、森林覆盖率、农作物受灾面积、年末耕地面积、耕地有效灌溉面积、有效灌溉率、农用机械总动力、桃种植面积、水果农业龙头经营组织个数、种植业生产加工基地产值、河北省人口数量、农村高中以上文化比例、农业基本建设投资、地区生产总值分别为 $X1$、$X2$、$X3$、$X4$、$X5$、$X6$、$X7$、$X8$、$X9$、$X10$、$X11$、$X12$、$X13$、$X14$、$X15$、$X16$、$X17$、$X18$、$X19$、$X20$，河北省桃产业竞争力为 Y。河北省桃产业影响因素评价指标原始数据见表 5-13。

（2）数据无量纲化处理

本书选择使用初值化的方法对原始影响因素数据进行无量纲化的处理，结果见表 5-14。

（3）求差序列（表 5-15）

求两极差：

$$M = \max_i \max_k \Delta_i(k) = 6.5111$$

表 5-13　河北省桃产业影响因素评价指标原始数据

项目	年份									
	2010	2011	2012	2013	2014	2015	2016	2017	2018	2019
X0	146.22	152.68	157.32	166.17	181.85	193.15	202.07	121	126.98	135.71
X1	51.45	51.62	56.57	50.66	52.69	56.75	62.72	63.34	71.48	80.08
X2	12.41	19.82	23.15	37.52	39.98	41.51	44.75	46.85	49.88	57.41
X3	122.69	106	105.1	112.33	103.53	85.91	82.23	102.92	114.87	102.5
X4	121.2	126.4	95.5	108	108	92.1	96.1	103	106.3	108.6
X5	5 957.98	7 119.69	8 081.39	9 187.71	10 186.14	11 050.51	11 919.35	12 880.94	14 030.89	15 373.1
X6	16 263.43	18 292.23	20 543.44	22 580.00	24 141.00	26 152.20	28 249.39	30 547.76	32 977.18	35 737.7
X7	1 064.40	1 047.36	1 051.76	1 063.50	1 118.96	1 094.23	1 090.14	560	529.7	506.02
X8	23.4	23.4	23.4	23.4	23.4	23.4	23.4	23.4	34	34
X9	1 688.17	811.36	1 107.56	752.71	1 165.46	1 794.90	1 447.83	718	557	315
X10	6 551.42	6 563.78	6 558.33	6 551.2	6 537.74	6 525.47	6 520.5	6 518.86	6 523.55	6 521.21
X11	4 520.87	4 596.61	4 165.03	4 349.03	4 404.22	4 447.98	4 457.6	4 474.67	4 495.13	4 482.16
X12	69	70	63.5	66.4	67.4	68.2	68.4	68.6	68.9	68.9
X13	10 151.3	10 349.19	10 553.81	10 786.45	10 942.86	11 102.81	7 401.97	7 580.58	7 706.2	7 830.7

(续表)

项目	2010	2011	2012	2013	2014	2015	2016	2017	2018	2019
X14	85.755	82.643	81.964	85.56	85.117	88.279	87.457	80.3	52.95	63.17
X15	149	156	154	169	172	186	203	273	257	265
X16	6 929 268	11 688 274	13 970 241	16 132 506	16 674 955	17 190 571	17 416 869	27 929 598	29 562 911	28 746 255
X17	7 194	7 241	7 288	7 333	7 384	7 425	7 470	7 520	7 556	7 591.97
X18	21.2	18.2	19.0	25.0	25.4	26.1	26.5	14.87	15.02	14.95
X19	310.38	590.36	651.84	794.72	1 120.95	1 510.11	1 686.58	1 796.19	1 741.39	1 768.79
X20	6.6	5.71	5.52	5.24	4.56	4.17	4.17	3.4	3.25	3.51

数据来源:《河北经济年鉴》《河北农村统计年鉴》《中国农业统计年鉴》《中国农村经济年鉴》《河北农村经济年鉴》,中国统计局(http://www.stats.gov.cn/)。

表 5 - 14 数据无纲量化处理结果

项目	2010	2011	2012	2013	2014	2015	2016	2017	2018	2019
X0	1	1.044 2	1.075 9	1.136 4	1.243 7	1.321 0	1.382 0	0.827 5	0.868 4	0.928 1
X1	1	1.003 3	1.099 5	0.984 6	1.024 1	1.103 0	1.219 0	1.231 1	1.389 3	1.556 5

(续表)

项目	2010	2011	2012	2013	2014	2015	2016	2017	2018	2019
X2	1	1.597 1	1.865 4	3.028 4	3.221 6	3.344 9	3.606 0	3.775 2	4.019 3	4.626 1
X3	1	0.864 0	0.856 6	0.915 6	0.843 8	0.700 2	0.670 2	0.838 9	0.936 3	0.835 4
X4	1	1.042 9	0.788 0	0.891 1	0.891 1	0.759 9	0.792 9	0.849 8	0.877 1	0.896 0
X5	1	1.195 0	1.356 4	1.542 1	1.709 7	1.854 7	2.000 6	2.162 0	2.355 0	2.580 3
X6	1	1.124 7	1.263 2	1.388 4	1.484 4	1.608 0	1.737 0	1.878 3	2.027 7	2.197 4
X7	1	0.984 0	0.988 1	0.999 2	1.051 3	1.028 0	1.024 2	0.526 1	0.497 7	0.475 4
X8	1	1.000 0	1.000 0	1.000 0	1.000 0	1.000 0	1.000 0	1.000 0	1.453 0	1.453 0
X9	1	0.480 6	0.656 1	0.445 9	0.690 4	1.063 2	0.857 6	0.425 3	0.329 9	0.186 6
X10	1	1.001 9	1.001 0	1.000 0	0.997 9	0.996 0	0.995 3	0.995 0	0.995 7	0.995 4
X11	1	1.016 8	0.921 3	0.962 0	0.974 2	0.983 9	0.986 0	0.989 8	0.994 3	0.991 0
X12	1	1.014 5	0.920 3	0.962 3	0.976 8	0.988 4	0.991 3	0.994 2	0.998 6	0.998 6
X13	1	1.019 5	1.039 7	1.062 6	1.078 0	1.093 7	0.729 2	0.746 8	0.759 1	0.771 4
X14	1	0.963 7	0.955 8	0.997 7	0.992 6	1.029 4	1.019 8	0.936 4	0.617 5	0.736 6

(续表)

项目	2010	2011	2012	2013	2014	2015	2016	2017	2018	2019
					年份					
X15	1	1.047 0	1.033 6	1.134 2	1.154 4	1.248 3	1.362 4	1.832 2	1.724 8	1.778 5
X16	1	1.686 8	2.016 1	2.328 2	2.406 5	2.480 9	2.513 5	4.030 7	4.266 4	4.148 5
X17	1	1.006 5	1.013 1	1.019 3	1.026 4	1.032 1	1.038 4	1.045 3	1.050 3	1.055 3
X18	1	0.858 5	0.896 2	1.179 2	1.198 1	1.231 1	1.250 0	0.701 4	0.708 5	0.705 2
X19	1	1.902 1	2.100 1	2.560 5	3.611 5	4.865 4	5.433 9	5.787 1	5.610 5	5.698 8
X20	1	0.865 2	0.836 4	0.793 9	0.690 9	0.631 8	0.631 8	0.515 2	0.492 4	0.531 8

表 5－15　求差序列

项目	2010	2011	2012	2013	2014	2015	2016	2017	2018	2019
					年份					
X1	0	0.040 9	0.055 3	0.059 5	0.020 1	0.058 8	0.174 9	0.174 9	0.345 1	0.512 3
X2	0	0.552 9	0.789 5	1.886 9	1.977 9	2.023 9	2.224 0	2.224 0	3.150 9	3.698 0
X3	0	0.180 2	0.219 3	0.220 9	0.399 8	0.620 7	0.711 7	0.711 7	0.067 8	0.092 7
X4	0	0.001 3	0.288 0	0.245 3	0.352 6	0.561 1	0.589 1	0.589 1	0.008 6	0.032 1

(续表)

项目	年份									
	2010	2011	2012	2013	2014	2015	2016	2017	2018	2019
X5	0	0.150 8	0.280 5	0.405 6	0.466 0	0.533 8	0.618 6	0.618 6	1.486 6	1.652 1
X6	0	0.080 5	0.187 3	0.252 0	0.240 7	0.287 0	0.355 0	0.355 0	1.159 3	1.269 3
X7	0	0.060 2	0.087 8	0.137 3	0.192 4	0.292 9	0.357 8	0.357 8	0.370 8	0.452 7
X8	0	0.044 2	0.075 9	0.136 4	0.243 7	0.321 0	0.382 0	0.382 0	0.584 6	0.524 9
X9	0	0.563 6	0.419 8	0.690 6	0.553 3	0.257 7	0.524 3	0.524 3	0.538 5	0.741 5
X10	0	0.042 3	0.074 9	0.136 5	0.245 8	0.324 9	0.386 7	0.386 7	0.127 3	0.067 3
X11	0	0.027 4	0.154 6	0.174 4	0.269 5	0.337 1	0.396 0	0.396 0	0.125 9	0.063 3
X12	0	0.029 7	0.155 6	0.174 1	0.266 9	0.332 5	0.390 7	0.390 7	0.130 1	0.070 4
X13	0	0.024 7	0.036 3	0.073 9	0.165 7	0.227 2	0.652 8	0.652 8	0.109 3	0.156 7
X14	0	0.080 5	0.120 1	0.138 7	0.251 1	0.291 5	0.362 1	0.362 1	0.251 0	0.191 5
X15	0	0.002 8	0.042 4	0.002 2	0.089 3	0.072 6	0.019 5	0.019 5	0.856 4	0.850 4
X16	0	0.642 6	0.940 2	1.191 7	1.162 8	1.159 9	1.131 6	1.131 6	3.398 0	3.220 4
X17	0	0.037 7	0.062 8	0.117 1	0.217 3	0.288 9	0.343 6	0.343 6	0.181 9	0.127 2
X18	0	0.185 7	0.179 7	0.042 8	0.045 6	0.089 8	0.132 0	0.132 0	0.159 9	0.222 9

(续表)

项目	年份									
	2010	2011	2012	2013	2014	2015	2016	2017	2018	2019
X19	0	0.857 9	1.024 2	1.424 0	2.367 9	3.544 4	4.052 0	4.052 0	4.742 1	4.770 7
X20	0	0.179 0	0.239 5	0.342 5	0.552 8	0.689 1	0.750 1	0.750 1	0.376 0	0.396 3

表 5-16 关联度系数

项目	年份									
	2010	2011	2012	2013	2014	2015	2016	2017	2018	2019
X1	1	0.983	0.977	0.976	0.992	0.976	0.932	0.927	0.874	0.823
X2	1	0.812	0.751	0.558	0.547	0.541	0.517	0.499	0.431	0.392
X3	1	0.930	0.916	0.915	0.856	0.794	0.770	0.815	0.972	0.963
X4	1	0.999	0.892	0.907	0.871	0.810	0.802	0.818	0.996	0.987
X5	1	0.941	0.895	0.855	0.837	0.817	0.794	0.754	0.616	0.591
X6	1	0.967	0.927	0.904	0.908	0.893	0.870	0.828	0.673	0.653
X7	1	0.975	0.965	0.946	0.925	0.891	0.870	0.736	0.865	0.840

(续表)

项目	年份									
	2010	2011	2012	2013	2014	2015	2016	2017	2018	2019
X8	1	0.982	0.969	0.946	0.907	0.881	0.862	0.862	0.803	0.820
X9	1	0.809	0.850	0.775	0.812	0.902	0.820	0.714	0.816	0.763
X10	1	0.983	0.970	0.946	0.907	0.880	0.861	0.860	0.949	0.973
X11	1	0.989	0.939	0.932	0.898	0.876	0.858	0.859	0.950	0.974
X12	1	0.988	0.939	0.932	0.899	0.878	0.859	0.860	0.948	0.971
X13	1	0.990	0.985	0.970	0.935	0.913	0.785	0.790	0.956	0.938
X14	1	0.967	0.952	0.945	0.905	0.891	0.868	0.843	0.905	0.926
X15	1	0.999	0.983	0.999	0.964	0.970	0.992	0.841	0.736	0.737
X16	1	0.788	0.717	0.667	0.672	0.673	0.678	0.474	0.412	0.426
X17	1	0.984	0.974	0.953	0.917	0.892	0.874	0.876	0.929	0.949
X18	1	0.928	0.930	0.982	0.981	0.964	0.948	0.778	0.937	0.915
X19	1	0.735	0.700	0.626	0.502	0.402	0.371	0.351	0.335	0.333
X20	1	0.930	0.909	0.874	0.812	0.776	0.761	0.733	0.864	0.858

$$m = \min_i \min_k \Delta_i(k) = 0.0072$$

取 $\sigma = 0.5$，则关联度系数（表 5-16）为：

$$\xi_{0i}(k) = \frac{\min_i \min_k \Delta_i(k) + \sigma \max_i \max_k \Delta_i(k)}{\Delta_i(k) + \sigma \max_i \max_k \Delta_i(k)}, \quad i = 1, 2, \cdots, 20,$$

$k = 1, 2, \cdots, 10$。

灰色关联度为：

$$r_{0i} = \frac{1}{n}\sum_{k=1}^{n}\xi_{0i}(k) = \frac{1}{10}\sum_{k=1}^{10}\xi_{0i}(k)$$

5.4.4 结果分析

河北省桃产业竞争力影响因素灰色关联度分析结果详见表 5-17。

表 5-17 河北省桃产业竞争力影响因素灰色关联度分析结果

一级指标	二级指标	二级指标关联度	排序	一级指标关联度	排序
市场环境	水果城镇居民人均消费量/千克	0.940	1	0.8294	3
	水果农村居民人均消费量/千克	0.561	19		
	水果生产价格指数（上年价格=100）	0.881	13		
	鲜果类消费价格指数（上年价格=100）	0.898	10		
	农村居民可支配收入/元	0.789	17		
	城镇居民可支配收入/元	0.847	14		
自然因素	果园水果面积/×10³ 公顷	0.890	12	0.8630	2
	森林覆盖率/%	0.892	11		
	农作物受灾面积/×10³ 公顷	0.807	16		

(续表)

一级指标	二级指标	二级指标关联度	排序	一级指标关联度	排序
生产条件	年末耕地面积/×10³公顷	0.925	4	0.918 4	1
	耕地有效灌溉面积/×10³公顷	0.919	5		
	有效灌溉率/%	0.919	6		
	农用机械总动力/万千瓦	0.918	7		
	桃种植面积/×10³公顷	0.911	9		
经营主体情况	水果农业龙头经营组织/个	0.913	8	0.762 5	5
	种植业生产加工基地产值/万元	0.612	18		
社会因素	河北人口数量/万人	0.928	3	0.794 0	4
	农村高中以上文化比例/%	0.929	2		
	农业基本建设投资/亿元	0.484	20		
	河北地区生产总值/亿元	0.835	15		

通过表5-17河北省桃产业竞争力影响因素的灰色关联度分析结果可以看出，①一级指标中影响因素关联度排序为：生产条件(0.918 4)＞自然因素(0.863 0)＞市场环境(0.829 4)＞社会因素(0.794 0)＞经营主体情况(0.762 5)。二级指标影响因素关联度排序依次为：水果城镇居民人均消费量、农村高中以上文化比例、河北人口数量、年末耕地面积、耕地有效灌溉面积、有效灌溉率、农用机械总动力、水果农业龙头经营组织、桃种植面积、鲜果类消费价格指数、森林覆盖率、果园水果面积、水果生产价格指数、城镇居民可支配收入、河北地区生产总值、农作物受灾面积、农村居民可支配收入、种植业生产加工基地产值、水果城镇居民人均消费量，且这些影响因素的关联度均大于0.5，说明桃产业竞争力与以

上各个因素均有关联性。

②生产条件因素对桃产业竞争力的影响排在首位，其二级指标包括：耕地有效灌溉面积居第五位，关联度为 0.919；有效灌溉率居第六位，关联度为 0.919；农用机械总动力排第七位，关联度为 0.918，说明耕地有效灌溉面积、桃种植面积以及机械化程度等生产要素对桃产业竞争力影响较大。

③自然因素对桃产业竞争力的影响排在第二位，影响因素排序为：森林覆盖率（第十一位）、果园水果面积（第十二位）、农作物受灾面积（第十六位）。

④市场环境因素对桃产业竞争力的影响排在第三位，市场环境包括的二级指标主要有居民人均消费量、价格指数、居民可支配收入，其中水果城镇居民人均消费量在二级指标中关联度排名第一，关联度为 0.940；水果农村居民人均消费量在市场环境中影响较低，关联度为 0.561。说明城镇居民消费环境会对产业竞争力产生显著影响。鲜果类消费价格指数和水果生产价格指数分居第十位和第十三位，关联度分别为 0.898 和 0.881。

⑤从社会因素来看，文化程度和人口数量分别居第二位和第三位，关联度分别为 0.929 和 0.928；农业基本建设投资和河北地区生产总值分别居第二十位和第十五位。

⑥经营主体情况排在一级指标的最后一个，关联度最低为 0.762 5，主要包括的二级指标为水果农业龙头经营组织和种植业生产加工基地产值，水果农业龙头经营组织关联度为 0.913，排名为二级指标的第八位，对桃产业竞争力也会产生确定性影响。

总体来看，二级指标中排名前 10 位的影响因素主要集中在生产条件、自然环境、社会因素等几方面。生产要素对桃产业竞争力会产生重要影响，桃产业在不能与粮争地的前提下生产要素中的技术的投入、机械化程度对产业竞争力影响很大，说明提高河北省桃产业的竞争力就要更加注重生产技术的投入，提高机械化率，广泛运用数字农业等新技术。桃种植面积对产业竞争力会产生一定影响，所以要适度规模发展桃产业。市场环境、社会因素对桃产业竞争力的影响力相对小些，主要是由于消费者对于桃产品的消费需求量比较稳定，可支配收入的提高不会对消费总量产生太大影响，而是会更加重视果品的品质，果品品质对桃产业竞争力的影响会日益明显。

5.5 本章小结

本章采用"钻石模型"对河北省桃产业竞争力的因素从直接、间接因素上进行了分析，并通过运用灰色关联度分析方法分析了各影响因素对河北省桃产业影响度的大小。

从直接影响因素来看，河北省桃价格低于全国价格水平，成本投入较大，具有一定的盈利能力，但不具备绝对竞争优势，果品品质参差不齐，农户对调整品种结构的意愿强烈。

间接影响因素构成了钻石模型的主体部分。首先在生产要素方面，河北省地理位置、气候条件、降水、土壤等自然条件优越，适合桃树栽培，在资本投入、基础设施建设上也具备一定优势，劣势在于机械化程度低，农业科研投入少；从市场消费与需求来看，河北省农村居民的水果需求量呈大幅度上升趋势，但低于城镇居民，而城镇居民的消费呈比较稳定的状态，说明水果的消费需求将会更注重品质的需求；从产业经营主体来看，河北省桃产业化发展迅速，但产业组织规模小、影响力小，难以适应市场经济发展需求，产业组织结构有待进一步优化；从相关和支持产业来看，河北省桃产业的上游生产资料企业和下游加工企业虽然有所发展，一些包装产业和小型加工企业发展很快，但是整体水平比较低；从政府行为来看，政府对农业大力支持，加快了桃产业化发展。

采用灰色关联度分析，发现选取的指标均对河北省桃产业竞争力有影响，其中，河北省桃产业竞争力受到生产投入、自然环境、社会资源等生产要素投入的影响较大，说明桃生产过程中要通过增加基础设施和新技术投入、适度规模化种植、提升果品品质等方式，来提升河北省桃产业的竞争力。

6 提升河北省桃产业竞争力的对策建议

6.1 加大政府对桃产业的扶持力度

政府要加大对桃产业等水果产业的扶持力度，采取多种方式鼓励林果产业发展。第一，要继续加大财政资金投入。对桃农进行补贴保护，提高桃种植户的生产积极性；加大对农机的补贴，提高桃产业现代化机械设备的使用；加大对桃示范基地的补贴力度，支持新品种的选育、引进、推广，加强农业技术人员培训。第二，在政府引导下推广农业金融，设立桃种植户果园贷款基金，增大贴息贷款规模，拓宽贷款范围；推广桃园种植、贮运保险制度，保障桃产业稳健发展。第三，搭建数字化产业技术平台，发展人工智能桃产业技术问答知识库与图谱，建设农业信息亭、自主配送站等数字化设施，引进智能化立体化变量精准施药技术等。第四，引导土地经营权有序流转，发展桃园标准化建园和适度规模经营，鼓励创新农业经营体制，积极培育新型经营主体。

6.2 提高果品品质，优化品种结构

调整产区品种结构，要以市场需求为导向，适应居民消费结构变化，从桃的品种、品质、成熟期等多方面，提高桃产业的生产效益。第一，加快桃优良品种的选育、更新。加强与国家桃产业技术体系和

科研院所的合作，引进果树优良品种，搞好试验栽培，建立苗木推广追溯制。第二，高标准建园，提倡大苗建园、起垄覆膜、自然生草、人工生草新技术；推广宽行密株、长枝修剪、多主枝整形等整形技术；减施化肥、减少化学农药用量；控制产量、严格疏果；做好病虫害防治和防控；适时采收，提升采收、贮运机械化水平；推行以糖度和硬度为主要测评指标的采后分级标准。第三，在成熟期方面，河北省桃果的中熟品种居多，早熟品种近年来数量有所增长，但品质口味不能保证，晚熟品种少，种植难度大。桃生产应合理搭配早中晚熟品种，积极发展早熟和晚熟品种，在优化品质的基础上，扩展桃的上市期。第四，品种结构向优质化、多样化、特色化方向调整。适度增加油桃、蟠桃、油蟠桃、黄肉桃、红肉桃、绿桃、小桃、野桃、丑桃的种植数量。乐亭重点发展早熟高品质设施桃，深州蜜桃努力形成原产地品种的差异化识别，其他地区在选好特色品种的同时重视高颜值特殊风味品种种植，城市周边可以适当种植观赏桃花品种。

6.3 降低生产成本，适度规模经营

生产成本高是制约着河北省桃产业竞争力的重要因素，直接影响着桃种植户的收入水平和生产积极性。人工成本占果园生产成本的60%以上，节省人工成本是降低桃产业生产成本的主要方向。采用省力化整形修剪方式，树形方便机械化操作；探索免套袋技术；开发小型农机，节省劳动力成本。

将经营土地流转到农业合作社、少数种植户手中，实现桃产业适度规模经营，企业、家庭农场、农户种植规模都不宜过大或过小，规模过大会增加桃贮运成本，规模过小不能形成规模效应。"企业+合作社+农户"的组织形式与家庭农场特色经营的形式并存。反季节设施桃面向高端市场，在形成特色、坚持品质的前提下，也要注意适度规模发展。

6.4 创新销售模式，加快品牌化建设

扩大原有销售渠道，创新改进原有销售模式。发展"线上"销售，经营主体要加大与网络销售平台对接的力度，比如果农可以通过和微信、淘宝等电商平台以及顺丰等快递公司的合作，扩大销售市场。探索社交电商、直播电商新模式，比如在抖音、快手等平台开展网上直播，发展社群营销。引入"新零售"模式，注重线下果品零售和批发市场建设，将线下销售和线上销售结合起来，与生鲜电商企业密切合作，形成全网整合营销体系，实现"线上"+"线下"销售模式的完美融合。

以优势桃产区为依托，现有桃品牌为基础，树立大品牌意识，推动河北省桃主产区内品牌的整合，积极开展各种品牌营销活动，进一步打造具有地方特色的区域优势品牌。①加强区域优势鲜桃品牌和加工品牌的构建、认证、保护。②龙头企业与当地政府共同开展品牌推广活动，通过开展名优产品推广、地理特色品牌宣传、品牌认证等活动，使产品品牌、企业品牌、地域品牌相得益彰，提升品牌的综合影响力。③加大公关宣传活动，广泛使用事件营销、新媒体营销、文化营销、会议营销、口碑营销、体验营销等多种营销方法和手段。

6.5 延伸产业链条，促进一二三产业融合发展

提升河北省桃产业整体竞争力，不仅仅要在鲜桃生产环节提升竞争力，还要在供应环节、加工环节、现代服务环节提升综合竞争力，增加全产业链的附加价值，促进一二三产业融合发展。

（1）努力发展全产业链高标准示范园

重点农业龙头企业延伸桃产品产业链，在提升鲜桃生产环节竞争力的同时发展果品加工、现代化物流、电子商务，构建桃产品营销

网络。

(2) 扶持生产资料企业

大力发展桃标准化苗木生产基地，育种基地，发展苗木、育种龙头企业；继续扶持当地包装企业，优化果实套袋技术，改善果品包装；推广袋控缓释肥、小分子肥、昆虫迷向素、释放天敌、生物农药等产品，鼓励新型农药、肥料等生产企业发展。

(3) 鼓励加工企业发展

加快初级加工发展，改进贮运、保鲜、包装分级等初加工设施装备，提升当地桃产业初级加工的比率；提高河北省桃产品的精深加工水平，生产果汁、果冻、桃干、速冻品、果酒、桃胶等多种深加工产品，提高桃产品附加值；积极吸引大型加工企业来桃产地投资建厂，依托与外地龙头企业合作的优势项目，拓宽销售渠道，实现残次果的增值；引导培育当地龙头加工企业发展，鼓励小型的桃加工企业合并重组，建立加工产业区，形成桃加工产业集群优势。

(4) 建设现代农业休闲园区，开展桃园休闲观光旅游项目

河北省各主产区要充分发挥各产区桃产业发展基础，融合发展一二三产业，对桃园进行整合规划，加快构建集农业、文化、旅游于一体的现代田园综合体。打造区域优势农业品牌，实现桃产业增值增效、桃品牌效益彰显、农民增收、乡村环境宜居、农业农村统筹的综合发展。发展休闲观光园区，在开展赏花观景、摘果品尝等传统活动的基础上，广泛开展多种特色桃文化活动，推介当地的桃产品、弘扬桃文化、宣传区域品牌及企业品牌。

第三篇

河北省桃产业三产融合发展研究

7 河北省桃产业三产融合模式分析

本章基于对河北省桃产业三产融合发展实践的调研,提出目前河北省桃产业三产融合的四种主要模式,包括区域多产业融合模式、桃园综合体模式、电子商务引领模式和桃园康养模式,总结归纳四种融合模式的基本特征,并对四种三产融合模式的典型案例进行分析。

7.1 区域多产业融合模式

7.1.1 区域多产业融合模式的内涵

区域多产业融合模式,即在某一区域范围内,通过大力发展桃产业,形成区域桃产业优势,奠定区域经济发展基础,利用桃产业优势吸引其他水果产业、加工业、旅游业等产业聚集发展的一种融合模式。

7.1.2 区域多产业融合模式的特点

(1) 桃产业为区域优势产业

通过大力发展桃产业,形成区域桃产业优势,利用桃产业优势,实现农技研发、推广组织的集聚,引导桃产品新型高端化,使得区域形成高于产业集聚外地区的创新能力。利用区域内桃产业的强大优势及溢出效应，带动与之相关联的产业，多产业共同发展。

(2) 提升区域内多产业竞争力

区域内桃产业、其他水果产业、加工业、服务业统一规划，多个产业之间形成了共同的技术和市场基础，促使桃产业及其他相关产业结构性调整与升级。多产业集群化发展，可以降低多产业间流通成本、管理成本，促使多产业间的有效协作，形成"同困苦共患难、同收益同甘甜"的利益共同体。不同产业内企业组织结构由纵向一体化向横向一体化、虚拟一体化发展，并进一步发展为融合型产业，融合型产业具有更高的附加值和更大的产业竞争力。

(3) 形成初期政府参与较多

区域多产业融合的形成初期，该区域内政府参与相对频繁、参与程度高。一方面，政府出台一系列产业保护、产业扶持及产业发展政策为本区域的桃生产保驾护航，促进桃产业向优势产区集中和优化；另一方面，努力发展其他果品产业、果品加工业、服务业和旅游业，加强基础设施建设，最终使整个区域连片发展，产生多产业融合效应。

7.1.3 区域多产业融合模式的优势

(1) 有助于区域经济一体化发展

区域多产业融合打破了传统企业和行业之间的界限，可以加速区域内资源的流动与重组。区域多产业融合将促进区域信息技术平台的开发，促进企业开发智能化新技术，区域内的多产业共同使用区域资源，打破产业间的壁垒，提高产业间的联系。多产业融合的扩散效应，有助于改善区域的空间二元结构，有助于区域经济一体化发展。

(2) 形成区域品牌优势

区域多产业融合，区域多产业共同打造区域品牌，形成区域品牌合力。多产业集群化发展，集约化经营，可以实现区域内品牌宣传成本的集约化。政府参与区域品牌建设，区域内大中小企业在明晰区域品牌定位的前提下，对各自产业及企业的宣传，均可以形成合力，有助于区域优势品牌形成。

7.1.4 区域多产业融合模式应注意的问题

（1）政府适当参与

在区域多产业融合发展中，政府对产业融合会起到推动作用，但政府不要过度参与，转变本身职能，例如在区域经营主体中募集资金用于区域品牌宣传等越位管理的行为。政府不应充当区域产业融合的直接领导者，而是应该发挥"中介"角色，把各经营参与者组织起来，为其提供公共支持与激励政策，调动所有经营参与者的积极性和能动性。

（2）增强抗自然风险能力

区域产业融合解决了桃产业小农户与大市场之间的矛盾，使桃产、供、销、工、商、贸融为一体，改变了以鲜桃作为流通的最终产品的结构，提高了桃的附加值，大大提高了抵御市场风险能力。但桃在种植生产的过程中易受自然灾害的影响，由于区域内产业关联性较强，自然灾害影响不仅关系到桃种植户，也波及桃加工企业、销售企业、制造和服务企业等，对于区域多产业造成损失。

（3）完善融资渠道

融资难是制约区域多产业融合发展的重要原因之一。农业企业大都是新兴企业，对资金需求度较高，尤其是技术密集型企业，更需要依托雄厚的资金。而与农业相关的企业性质又决定了农业企业的投资回收周期长，需要资金不仅数量大且要保持来源稳定持续。当前我国农业企业以非公有制为主，既缺少政府政策扶持，又由于处于创业阶段而前景不明，导致其融资困难，资金匮乏使很多农业企业在创业阶段就难以为继。

7.1.5 典型案例分析——顺平

(1) 顺平桃产业简介

顺平县从 20 世纪 80 年代开始发展果树生产，桃主要分布在台鱼乡和河口乡，到 2020 年桃栽培面积 5 777 公顷，产量 22.76 万吨，产值近 6.5 亿元。桃产业覆盖人口 25 000 人，7 200 户，涉及贫困户 1 150 户，贫困人口 3 210 人，带动农民年人均增收 1 500 元。桃露地栽培品种有"雨花露""早艳""大京红""大久保""晚久保""红岗山""绿化九""寒露蜜"等为主的早、中、晚熟系列品种；设施栽培品种有油桃系列和毛桃系列。顺平县大力发展桃旅游观光，至 2020 年成功举办了 20 届顺平桃花节，以花为媒，扩大开放，促进了二三产业的发展。

顺平桃产业发展近 40 年，2010 年 12 月"顺平桃"被认证为地理标志产品。顺平桃产业先后被确定为"河北省优质桃生产基地县""全国科技兴林示范县""全国经济林建设先进县""全国林业标准化管理示范县"。2001 年顺平被命名为"中国桃乡"。先后注册了顺富、宏乔等商标，顺富牌桃被评为河北省名牌产品。

(2) 区域多产业融合模式实践

第一，桃产业为顺平区域发展特色产业。目前已建立产前、产中、产后标准化生产体系，34 万亩林果全部获得无公害认证，大力推广桃的优良品种，建立标准化的生产管理体系和示范基地、开展地理标志产品认证，把一产做精。引进培育大型龙头企业，把二产做强。汇源、奥胜、北卫等一批果品加工龙头企业，年生产加工能力达 16 万吨，打造了从花到果到木再到叶的全产业链发展模式。发展旅游业，把三产做活。举办桃花节，利用市民对桃花的喜爱之情，借观赏桃花发展当地旅游业，推动当地的经济发展。

第二，旅游业、桃产业融合发展。顺平县全力推进杏塘沟、享水溪、秀兰休闲度假区西区等重点项目建设，完善基础设施、打造景点景观，周边乡村产业和旅游统筹共建、互补互助。积极推进"智慧旅游"工程增设景点景区标识，完善公共设施，在线预订、信息推送、智能导游等功能的覆盖范围。举办红叶节、桃花节和漂流节等活动吸引扩大客源，营造体验游、健康游、乡村休闲游等旅游新业态，开辟了林果旅游观光专线，年吸引游客32.64万人次。

第三，区域内水果加工产业融合发展。顺平县成立农业创新驿站，引进社会资本，不断优化现代农业产业布局，以顺农三优、盘古庄园和望蕊山庄为重点，建设产加销游一体的现代农业示范园区。通过冷链运输和果品深加工、发展生态休闲和观光旅游等举措延伸桃产业的链条，实现"政府+科研单位+龙头企业+合作社+农户"的"五位一体"布局的高效融合。同时，以市场需求为导向，突出"一乡一业"特色，建设单位面积达2 000亩以上的10个特色鲜明的乡镇特色农业园区，逐步形成"3+10"现代农业园区发展新格局。顺平县区域内桃、苹果、葡萄等水果产业共同发展，水果产品加工物流与休闲观光旅游为延伸，一二三产融合互动，产生了一定的经济效益、生态效益和社会效益。

7.2 桃园综合体模式

7.2.1 桃园综合体模式的内涵

桃园综合体模式是以桃产业为农业产业发展基础的田园综合体模式，是顺应农村供给侧结构改革、新型产业发展，集现代桃产业、休闲旅游产业、田园社区为一体的乡村综合发展模式。

7.2.2 桃园综合体模式的特点

（1）企业化运营的整体产业及乡村设计

桃园综合体模式的本质是田园综合体模式。是龙头企业参与、城乡结合、多方共建、商业模式运营的顶层设计。企业承接农业，桃园综合体企业化运营，整合现代桃产业生产、加工、休闲等一二三产业功能，综合考虑产业发展与乡村建设需要，从企业发展、现代农业发展和乡村整体发展的视角进行中长期规划。

（2）以桃产业为田园综合体的主导产业

以桃产业为主导，发展桃产业生产、加工、销售、电商、旅游、文娱全产业链条，打造文化桃园、桃产业孵化园、桃产业博物馆等，形成优势特色桃产业园区和桃产业聚集区。并在此基础上，以水果、蔬菜和其他农畜水产品为补充，发展多种经营，为桃园综合体的社区居民和旅行者提供优质农产品。

（3）以丰富多样的文旅产业为补充

桃园综合体不仅要有桃产业生产加工，更要有桃园生活和桃园景观。要打造符合当地自然环境特点的特色桃园文化旅游产品，文化+旅游要针对目标群体对文化旅游产品的需求，实现多种功能、不同规模的搭配，用丰富的文化产品吸引人，用高品质的旅游产品留住人，完善基础设施建设，整合供电、通信、污水垃圾处理等配套设施条件，完善特色化的住宿餐饮体系，使桃园综合体成为城乡居民文化旅游的目的地。

（4）地产社区建设支持农业农村发展

地产及社区建设，要按照村落肌理打造，在乡村原貌的基础上，增加现代桃产业特色，加强管理服务职能，营造新的社区。社区是跨产业、跨功能、多业态的综合运营，项目的运营方要在桃产业发展的基础上，实现产业与旅游、教育、康养的深度融合。发展社区支持农业，社区和有食品安全需求的消费者建立合作，通过互联网等应用平台，让农民与消费者互相支持，推行健康农作法，促进城乡对接，推进人们对自然的认识和保护，追求人与环境的和谐共生。

7.2.3 桃园综合体模式的优势

（1）多方参与的企业化运营模式有利于综合体的可持续发展

桃园综合体模式有投资方、政府和农业的参与，可以从桃产业发展、基础设施建设、美丽乡村建设和脱贫攻坚等方面集中相关政策支持合力。但桃园综合体建设涉及面广、投入大，不仅需要政府政策资金支持，更需要统筹生产生活生态多领域建设，拓展农业的多功能性。桃园综合体以农业综合开发平台建设和产业链条为主线，建立科学健全的市场化运行机制，与国土、规划、金融、建设等部门沟通合作，充分发挥政府、企业、专业合作社和农民等建设主体的作用，合作共赢，利于桃园综合体的可持续发展。

（2）"产业+文旅+社区"模式有助于推动一二三产业深度融合

桃园综合体以桃产业为主导产业，集循环农业、创意农业、农事体验于一体，通过产业的交互渗透，把桃产业生产、桃产业新技术、桃加工产品、桃园文化、休闲度假、养生娱乐、农耕活动、教育活动等有机结合起来，使桃产业在原有的研发、生产、加工、销售产业链条的基础上，成为现代文旅农业和社区农业的载体，拓展了桃产业的链条，发挥了产业价值的乘数效应。以空间创新带动桃产业优化升级，有助于实现一二三产业的深度融合，将成为桃园综合体乡村振兴的新模式。

（3）可以争取相关部门对田园综合体的政策支持

田园综合体是乡村振兴的主平台，是美好生活的新样本，是精准扶贫的新模式。第一批15个国家试点田园综合体项目中，迁西花乡果巷是河北省唯一一个国家田园综合体试点项目，三年来，该项目获得国家补贴2.1亿元。省级田园综合体项目也可获得相应政策支持。一方面有国家政策支持，另一方面，桃的长生长期、多品种、观赏价值、文化价值等各方面均使桃园综合体更具建设田园综合体的天然优势，所以创建桃园综合体样板，有可能成为农业供给侧结构性改革新的突破口。

7.2.4 桃园综合体模式应注意的问题

（1）坚持"姓农为农"，保障农民利益

目前河北省的桃园综合体多是企业资本在运营，利益构建不能只是单一的资本方来主导，否则，农民的利益就很可能被侵占。桃园综合体要以桃产业为基础，进行产业的优化升级，为当地农业创造更大创业就业权益。建立有效的利益联结机制，防止集体资产被外来资本控制。同时，保护好农村文化和农村生态，桃园综合体的核心产业是农业，不能把桃园综合体建设搞成变相的房地产开发。

（2）坚持桃产业发展定位，激发综合体创新活力

桃园综合体是"产业+文旅+社区"的综合性开发模式，桃产业以及相关农业产业的发展是基础，要将桃产业作为桃园综合体发展的主要特色和根本定位，避免多而杂、千篇一律式的总体规划。坚持现代桃产业引领，加强与国家桃产业技术体系、河北省水果产业体系等相关农业科技部门的合作，推动产业链的延伸和可持续发展。同时，充分发挥市场机制作用，改革资金投入方式，创新投融资机制，创新土地开发模式，完善新增建设用地的保障机制。以桃园综合体为平台，积极探索新的产业发展方向、综合体管理方式和建设模式等。

（3）坚持统筹规划，提升"三产""三生"综合效益

"三产融合""三生统筹"是桃园综合体开发建设的根本原则，"三产融合"要求桃园综合体既要发展桃产业，在实现桃产业链延伸、"三产融合"的基础上，进一步实现水果、蔬菜及其他农、畜、水产业的"三产融合"。但不能只突出农业产业发展，不去统筹考虑宜居宜业乡村整体振兴，更不能把农业和田园作为项目落地，寻求政策支持的背景和点缀。要积极鼓励农民及农民合作社的参与，坚持全面、

统筹、可持续发展理念，聚集要素，系统规划桃园综合体的多功能性，促进一产、二产、三产的有机融合，实现生产、生活、生态同步发展。

7.2.5 典型案例分析——亚滦湾国家农业公园

（1）园区简介

迁安亚滦湾国家农业开发创新产业有限公司位于河北省迁安市杨店子镇张官营村西、上午村南，注册资金5 000万元，预计投资10亿元，规划占地15 000亩，是一家集农副产品生产、旅游观光、产品研发、高新技术示范为一体的现代农业企业。公司以桃文化为起点，重点发展现代桃产业及生态农业，致力于打造迁安城市后花园，国家级特色桃文化农业产业区。2015年公司建成"亚滦湾高新农业开发创新产业园"，2016年被认定为"河北省五星休闲农业园"。园区建设依托中国农业大学、北京林业果树科学研究院等科研院所的先进技术和管理理念，高起点、高科技、高效率运营，目前不仅是集农业高新技术及新品种展示、观光采摘、农事体验、教育科普、休闲娱乐为一体的现代休闲农业园区，是迁安市生态保育屏障，还是迁安及周边城市居民休闲旅游的去处。

（2）桃园综合体模式实践

亚滦湾国家农业公园以桃产业为基础产业，种植桃树1 500余亩，种植鲜食桃品种20余个，"春蜜""突围""中油8""油蟠桃"等品种深受消费者欢迎，年产量超过100万千克。鲜食桃采用现代产业技术栽培管理，控水控肥，生产的桃子汁多味美，非常好吃，已成为亚滦湾的区域农产品名片，是当地重要的经济作物。亚滦湾国家农业公园以桃文化为灵魂，打造城市居民的"世外桃源"，陶渊明的《桃花源记》中写道："忽逢桃花林，夹岸数百步，中无杂树，芳草鲜美，落英缤纷。"在亚滦湾国家农业公园，随处可见桃源景象，随处可以领略世外风情。公园中央，建设 11 座世外桃源木屋，占地面积 20 000 平方米，木屋全部采用加拿大进口红杉木，设计风格自然古朴，遗世独立，置身桃源木屋，观赏桃源花海，如入仙境，悦目赏心。

河北省桃产业技术力量雄厚，国家桃产业体系岗位专家和试验站，河北省农业产业体系水果创新团队、河北省果品科技支撑体系桃专家指导组在迁安亚滦湾国家农业开发创新产业有限公司开展了多项桃产业技术指导和推广。2018 年 9 月，河北省桃产业技术创新战略联盟成立，该联盟由河北科技师范学院和亚滦湾公司等 50 家单位自发组织，参与的单位包括河北省农林科学院石家庄果树研究所、植物保护研究所、遗传生理研究所、昌黎果树研究所、唐山职业技术学院等多家科研院所以及各市、县林业局和相关企业。河北省桃产业技术创新成立大会暨首届河北省桃产业技术交流会在亚滦湾农业公园召开，亚滦湾公司董事长陈国有当选首届战略联盟理事长。

亚滦湾国家农业公园分为科研展示区、市民农园参与区和规模种植生产区。科研展示区占地 45 亩，桃形景观大门、桃心广场桃文化主题设计，给人强烈的感官冲击；科研观光温室、科研苗圃和科研办公区，展示桃产业的现代科技水平，助力桃产业新技术的推广应用。市民农园参与区占地 212 亩，农耕乐园、创意农业智能温室诠释农文化、创意农业和智慧农业成果，牡丹园、瓜果采摘长廊、美味采摘园等旨在带动市民的广泛参与和互动；户外休闲娱乐区占地 263 亩，该功能区以桃花宴生态餐厅、"三生三世十里桃花情"等桃文化主题项目为主，同时设计有垂钓乐园、特色烧烤、亲子乐园等辅助项目。规模种植生产区占地 480 亩，在桃品种规模种植基地同时具备采摘观光果园功能，规模种植生产区设计有林下种植、生态养殖、祈福林等循环农业项目。功能区的设计主题鲜明，围绕桃产业及桃文化做文章，助力桃产业新技术推广示范，展示了桃文化的魅力。

公司以鲜食桃生产为基础，大力发展休闲观光农业。建成了桃源仙境、南极仙翁、桃源木屋、花卉营销中心、风情园、桃源食府等桃文化设施，同时，开展各种围绕桃文化的科普教育活动和农事体验活动，先后组织了桃花节、祈福节、灯光节等大型桃文化活动，儿童水上乐园、射箭训练场等设施为游客提供亲子娱乐服务，公园创造了单日入园超过1.5万人，单月入园超过10万人的接待纪录。

除桃产业外，公园以其他水果蔬菜循环农业、智慧农业、创意农业产品为补充，葡萄采摘长廊、意式风情园、水培植物工厂，水果黄瓜、飞碟南瓜、迷你南瓜、紫莱花、油麦菜等全部是中国农业大学试验的新品种，大棚运用现代农业技术，太阳能自动控温控湿、使用有机肥、挂防虫网，每天准时播放音乐，公司生产的系列农产品以"绿色、安全、健康"为宗旨，已通过了有机认证，可以让市民吃得安心、放心。农业创意项目不仅引来众多消费者参观游览，生产的农产品更是供不应求。

7.3 电子商务引领模式

7.3.1 电子商务引领模式的内涵

电子商务引领模式，即通过建立电子商务平台，为桃产品生产及其加工、服务创造一个实体或者虚拟交易的空间，连接桃产业上下游和消费者，发挥了类似中间商的支持作用，有效提升桃产业三产融合高度，进而拓展和带动整个桃产业链的增值。

7.3.2 电子商务引领模式的特点

（1）信息技术与数据技术驱动

运用先进的科技服务和现代物流服务带动农业发展，用科技信息服务和高效金融服务拉动农业发展，用文化创意服务和教育培训服务扶持农业服务。随着信息与数据技术的发展，桃产品的市场定位、消费者细分将更加准确。桃产业保鲜冷冻技术的改革、线下库存服务的优化等将成为桃产品营销模式创新的强大推动力。

(2) 线上线下同步发展，深度融合

线上营销建立统一高效的网络零售平台，同时重视开发线下营销渠道，为桃消费者提供良好的购物体验和服务，使线上线下互相融合、打通线上与线下的通路，实现虚拟与实体的融合。发展线上渠道，降低了线下传统渠道存在的风险，能获取更广泛的资源，线下传统营销渠道可以为线上营销平台提供消费者互动体验、宣传推广、物流运输等功能和服务，确保了线上平台的健康发展。

7.3.3 电子商务引领模式的优势

(1) 减少产品销售成本

桃农通过电子商务平台在网上发布信息，可以直接与购买者进行沟通，减少中间环节，减少销售环节中的中间商成本，扩大影响范围，提高桃农收益。同时，桃农与购买者直接沟通，可以更清晰地了解客户需要，双方更容易形成合作关系，桃农可以根据客户要求进行规模化生产，规模效应会进一步降低生产成本。

(2) 电子商务促进桃全产业链紧密合作

信息技术的发展，使桃产业链上下游的信息能够实现共享，在生产资料供给、桃种植、贮运加工等环节，提高资源配置效率。同时全产业链的组织机构，以市场需求为导向，有利于行业上下游之间紧密合作。

(3) 满足农产品个性化需求

桃农可以根据消费者在网上的购买情况了解消费者的购买需求，依托大数据掌握消费者的购买规律以及消费习惯，使农业生产、销售、服务更为高效和精准，为消费者提供个性化的产品和服务。

(4) 加快产业转型升级

随着资本和技术涌入桃产业，产品的销售范围和规模不断扩大，智慧农业方向需要的软硬件系统不断完善，实现了桃产业向智慧农业的升级。同时，相关主体会不断优化经营和管理思路，提升管理效率，引领绿色的生产和经营方式，加快三产融合，带动体验农业、休闲农业、绿色农业等新业态成长。

7.3.4 电子商务引领模式应注意的问题

（1）完善网络基础设施和物流体系

河北省目前仍然有很多村网络信号不好，网络基础设施建设相对城市来说还有一定的差距。对农产品物流的认识也普遍存在"重生产，轻物流"的思想，快递物流"最后一公里"和农产品进城"最初一公里"仍然是现实需要解决的问题。

（2）培养农产品电子商务人才

当下农村人口以老人和儿童为主，而农产品电子商务的推广需要以青年人为主力军，农村从人口分布上就缺少发展电子商务的人群；另外，同时兼备电子商务知识和具有农产品相关知识的综合型人才相对缺乏，农产品电子商务人才亟须得到扶持。

（3）加大相关政策支持力度

电子商务是一个系统工程，需要政府政策的支持，政府要加强政策引导与资金投入，加强对河北省农产品电子商务的引导力度。对农业电商进行线上和线下双布局，建成"农户+园区+科技企业+现代物流"的桃产业生产服务体系。

7.3.5 典型案例分析——深州

（1）深州桃产业简介

深州是著名的"蜜桃之乡"，蜜桃已有近两千年的栽培史，2014年，"深州蜜桃"申报为地理标志产品。截至2018年，深州蜜桃种植面积达45万亩，并建成了蜜桃专用冷鲜库，蜜桃鲜储期达60天左右。深州蜜桃可加工制成蜜桃罐头、蜜桃酱、蜜桃汁、蜜桃香槟及高级蜜桃清凉饮料等名贵食品，远销日本、欧洲、美洲、东南亚国家和中国香港、澳门等地区。近些年，深州市充分利用果园生态资源和深州蜜桃文化，发展观光旅游业，打造深州西部蜜桃观光园和南部万亩鲜桃文旅体验园，目前，观光园景区是国家3A级旅游景区。深州以"人面桃花"景点为中心，规划了八号传统工艺品、特色小吃一条街等三条旅游观光路线，全方位展示深州悠久的历史文化。

（2）服务业引领模式实践

深州市把蜜桃生产定位为发展深州果品的龙头产业，提出了"打蜜桃品牌，搞鲜桃系列，向早晚延伸，按项目运作，走产业化路子"的发展思路，"深州蜜桃"地理标志证明商标的运用可以极大地提高"深州蜜桃"的产品附加值，广大果农积极参与，共同发展和保护蜜桃品牌，"深州蜜桃"成为致富奔小康的金字招牌。

深州目前已初步形成集电子商务、线下仓储、物流服务、信息技术服务为一体的桃产业服务型引领模式。桃农改变过去"坐在地头等买主"的传统方式，采取"电商+政府+农户"的方式开辟蜜桃销售新路径，通过网站、微博、微信等渠道建立网络销售平台，为"深州蜜桃"植入"互联网基因"，通过"网上下单，线下采摘"销售，吸引了大量周边地区和山东、河南、浙江等地客户。深州市举办"深州鲜桃电商渠道推介会"，组织全国200余家电商渠道商与当地果农、合作社进行产销对接。

顺丰速运公司与桃农合作，全力打造深州蜜桃品牌。顺丰速运公司对水蜜桃的品质严格把控，通过顺丰快递及电商的运输和销售平台，采用统一包装、统一商标，单独分拣，专人、专车、专机服务，保障深州蜜桃全国范围内（除了偏远地区）12~48小时送达，打造全新的水蜜桃销售和运输模式。桃子成熟前就开始免费对桃农进行电商培训，通过在淘宝店和微商平台预售鲜桃，网上销售火爆，极大地帮助桃农提高了收入。深州市共引进和培育电商企业15家，快递企业

30家，全市从事农村、社区电商企业、网店达5 000家，从业人员10 000余人。

深州市依托深州蜜桃观光园，将新农村建设与发展农业旅游相结合，构建起万亩桃花海生态旅游格局，形成观赏万亩桃花、品味生态文化、体验医药养生、乐享休闲农庄的特色旅游产业。通过举办以"宜居、宜业、宜游"为主题的"大美深州·相约桃乡"桃花节生态旅游活动，游客与当地果农们一起为朵朵桃花授粉，并参与"深州蜜桃树认养"等活动，体验"春养一棵树，秋收大蜜桃"的乐趣，桃花节活动内容丰富，特色鲜明，精彩不断。举行招商引资、招才引智洽谈暨项目展示推介会，自然、淳朴、秀美的生态美景和田园风光将迎来四海游客。

深州市在开展生态旅游的同时注重挖掘深厚文化底蕴，发挥文化引领作用，提升游客品位，也在潜移默化中形成和谐文明乡村。特色民间艺术表演专场、桃乡民俗系列表演、"京评梆"戏曲票友表演专场、东山植物园灯会为主的民俗文化节，还有"奔跑在桃花源"——最浪漫千人马拉松赛、"孝文化"表演专场、"桃花为盟、定三生三世"爱情许愿签名活动、"桃花源记"散文诗歌征集大赛、特色美食、特色产品推广等特色活动，让游客在赏花的同时领略难忘的乡愁，极大地改变了当地农村面貌，受到群众广泛欢迎。

（3）服务业引领模式成效

通过顺丰等快递公司的全程冷链流通服务，实现了24小时从"枝头"到"舌尖"，深州蜜桃已实现在京东、淘宝、拼多多等知名电商平台以及微信、微商等社交平台销售，在京东商城建设了"中国特产·深州馆"和旗舰店。

深州蜜桃产区先后被评为全国一村一品示范村镇，河北省"醉美十大赏花地"，河北省农业旅游示范点。2019年，深州蜜桃产区被认定为"中国特色农产品优势区"，2020年，千亩桃现代科技示范基地加快推进，打造深州蜜桃现代科技示范园、蜜桃文化园、桃现代科技产学研中心等，不断推动特优区做大做强。

建设河北省桃产业技术研究院、"京冀桃育种中心"，举办"2020年第二届中国传统名桃高端研讨暨深州蜜桃名优特农产品云展会""2020年深州首届创业创新大赛"，参加全国桃产业经济交流会、"十四五"农产品初加工机械化发展研讨会等，挖掘传统味道，传承经典品质，吸引专家学者助力桃产业发展。

7.4 桃园康养模式

7.4.1 桃园康养融合模式的内涵

桃园康养融合模式，即房地产开发企业以桃文化为核心文化诉求，开发桃花观赏、鲜桃采摘、桃美食、桃养生等系列产品，建设集桃园文化、桃园健康食品、农事娱乐、医疗服务等多功能为一体的桃园休闲康养小镇。

7.4.2 桃园康养融合模式的特点

（1）以桃园文化为核心文化诉求

"桃之夭夭，灼灼其华""投我以桃，报之以李""桃李不言，下自成蹊""人面桃花"，中国源远的桃文化中"春天""生机""爱情""美貌""益寿""祛病""驱邪""遁世""和睦""诗画田园"等桃源情结是桃园小镇的核心文化诉求，小镇的整体规划和设计突出桃文化特色，体现浓郁的中国桃文化氛围，用桃文化情结去吸引客源，建立与顾客的桃文化联结，把小镇打造成"桃休闲文化居所"和"桃文化旅游目的地"。

（2）以房地产开发企业为建设主体

桃园康养融合模式的实质是房地产与桃产业相融合的开发项目，

是房地产开发企业开发的"房地产+休闲+桃产业"的综合性文化小镇建设项目。房地产开发企业作为建设主体，全面负责小镇的整体规划和建设，规划和建设的过程中会有休闲旅游、桃产业的技术和经济管理人员的参与指导，为小镇建设提供农业技术、桃产业经济发展和休闲旅游规划等技术支持。

（3）田园休闲式小镇建设格局

"桃花桃树桃园，小桥流水人家"，小镇建设是田园艺术和静谧生活的完美结合。在桃园小镇里，要看得到窗外的绿色田园，听得到潺潺小溪流水，感受得到春意盎然、鸟语花香。小镇建设格局是景观化的田园，要尽量避免汽车喧闹、杂乱拥挤等现象，在桃园小镇里能够以亲近自然的方式，慢享休闲时光。

（4）桃产业发展与健康养生相结合

根据桃文化养生特性，倡导食养、药养、中医等健康养生，开发系列养生产品。《神异经》里有记载，"东方有树，名曰桃，和核羹食之，令人益寿"，开发系列桃园长寿文化康养产品：桃养生膳食、桃滋补中药、桃花、桃果、桃干、桃汁、桃酒、桃核等都有极高的养生价值，通过系列康养产品的开发延伸桃产业链。除此之外，出于小镇居民健康养生需求可以开发健康蔬菜、健康水果、健康畜禽产品等其他健康养生产品，通过对桃园康养主题的强化，对桃产业及其他健康产业进行多元化开发。

（5）集文旅、农作、康居为一体

桃园康养小镇的总体规划是文化与休闲旅游相结合，生活和农事活动相结合，集健康养生与高品质居所为一体。小镇不仅是居民休闲居住的场所，还是旅客外出旅游的乐园。小镇具有观赏、购物、娱乐、劳作、学习等多种功能，看桃花、吃桃果、购桃品，通过对桃文化及桃生产的认识，掌握相关技能，获得劳动乐趣，参加桃文化宣传、桃主题运动、桃产业博览等多种活动。

7.4.3 桃园康养融合模式的优势

(1) 房地产开发企业为桃产业发展注入活力

桃园康养融合模式的建设主体房地产开发企业，在国家对房地产调控的大形势下，房地产开发企业经营者面临着巨大的生存压力，其前期开发积累的财富为其转型提供了经济支撑。乡村养生养老由于占尽政策红利，"房地产+休闲农业"小镇成为房地产开发的新模式，桃花、桃果、桃园、桃加工衍生产品，桃园经济有房地产开发企业的财力支撑，为桃产业的全产业链发展注入活力，为开发更多适销社区高品质居民生活的系列桃加工、服务产品提供了更大的可能性。

(2) 康养产业市场潜力巨大

智研咨询发布的《2022—2028 年中国康养行业市场调研分析及发展规模预测报告》数据显示：2020 年我国康养产业规模 86 632 亿元（图7-1），同比 2019 年的 78 645 亿元增长了 10.16%。到 2030 年，将达到 16 万亿元。到 2019 年，我国大健康产业规模已达到 7 万亿元。2019 年中国旅游市场总交易规模为 44 989 亿元，养生旅游的交易规模约为 600 亿元。康养产业呈现出快速增长的市场态势。康养产业目前的很多细分领域还是一片蓝海，借康养产业快速成长之势，明确市场定位，塑造康养市场形象，将会在新一轮的市场消费热潮中发挥巨大的市场潜力。

(3) 桃园康养可以满足消费者多元化需求

桃园康养产业可以满足消费者"养心""养生""养老"的需求。对于学生群体主要是求知和娱乐需求，研学旅行市场是一个巨大潜力的市场，桃园文化、桃园农业劳作、桃园手工作品、科普教育等活动可以满足其"养心"需求。白领群体工作压力大，田园休闲少，养生膳食、休闲运动、节庆活动可以满足其"养生"需求。银发群体更渴

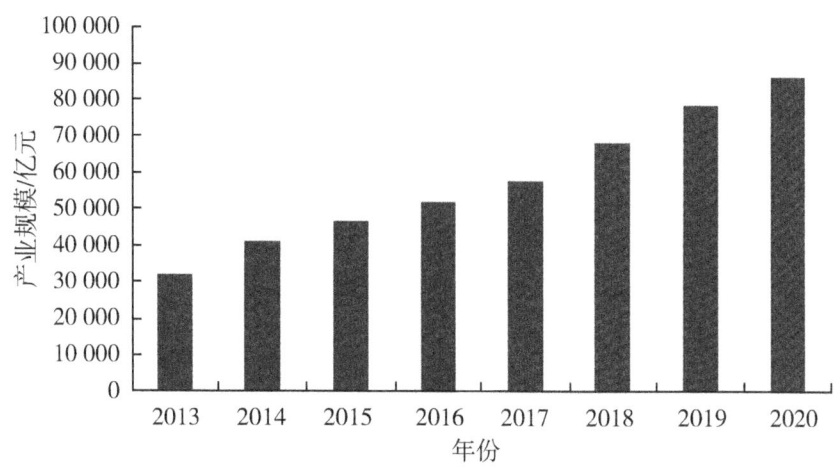

图 7-1　2013—2020 年中国康养产业规模

数据来源：《中国统计年鉴》（2014—2021）。

望安静闲适的环境、绿色天然的食品、和睦友善的邻居，农耕体验、天然有机食物、老年健身活动等可以满足其"养老"需求。

7.4.4　桃园康养融合模式应注意的问题

（1）选址恰当，用地符合国家土地政策

为实现小镇居民康养功能，桃园康养小镇的选址要充分考虑光照、空气、土壤条件、交通便利性等因素，要选择自然环境优美，交通便利，适宜桃园等农作物生长的地区，有森林、温泉，滨海、滨湖的田园为佳。桃园康养小镇要坚持产业支撑，体现桃园特色。休闲农业开发不得占用基本农田，要明确土地规划中园区所占土地的用途，桃园康养小镇用地须按建设用地进行管理，不能随意扩大设施农业用地的范围。对于桃园建设用地可以进行农村集体土地指标整理和农林复垦，合理配置建设用地指标。

（2）特点鲜明，文化氛围浓郁

桃园健康养生居所，要以桃园为特色，以桃文化为核心诉求，桃花、桃果、桃诗、桃画、桃木、桃脯、桃汁、桃核、桃干、桃酒、桃叶、桃手工艺品，包括桃树种植历史和现代种植技术的展示等，无不围绕桃源情结，突出桃文化特色，体现中式桃园的文化氛围，用鲜明的桃主题去建立鲜明的桃文化认知。桃李同属同源，可以深入打造"桃李"文化，"桃李不言，下自成蹊""投桃报李""桃李满天下"，以桃文化为核心，中式园林建筑为主体，自然风光为补充，形成"房地产+休闲+桃产业"特色鲜明的桃园康养模式。

（3）以满足小镇居民长期康养需求为盈利点

桃园康养小镇不仅靠销售房产盈利，桃园康养的健康可持续发展，是要为小镇居民长期提供一个真正健康养生的美好居所、世外桃源。桃园康养小镇持续的盈利能力要以满足小镇居民长期康养需求来实现。桃园康养小镇里的居民看桃花、喝桃汁、食桃果、品桃膳、读桃诗、作桃画、玩桃核，包括小镇居民家庭装修中硬装、软装，使用器具、摆放的工艺品，都有桃文化元素，满满的桃情结，融入小镇居民的心里、生活里。因此，可以为小镇居民长期提供系列桃衍生产品，延长桃产业链条。

7.4.5 典型案例分析——石家庄·桃李春风小镇

（1）园区简介

石家庄·桃李春风小镇为蓝城集团在石家庄开发的首个经典小镇。以"杭州桃李春风"为蓝本，小镇选址在国家级4A级风景区抱犊寨卧佛山风景区，位于石丰北路与山前大道的交界处，景区距石家庄市区约25千米，距鹿泉城心约5千米。抱犊寨风景区风景秀美，三面环山，与鹿泉八景相互贯通，一路风景无限。小镇配套设施完备，人文环境与地理环境相得益彰。

石家庄桃李春风小镇占地近千亩。建设风格为粉墙黛瓦中式建筑，其园林主要采用江南园林的设计风格，层次丰富的山地桃李春风院落为整个小镇赋予浓浓的东方意蕴。小镇设计三级公共服务配套体系，包括：小镇中心、颐乐康养中心和居住组团配套。

（2）桃园康养融合模式实践

石家庄·桃李春风小镇为"中国家庭田园颐乐模式"设计，以桃李文化为核心文化诉求，涵盖颐乐康养、休闲娱乐、生活服务、运动公园、旅游服务等多种功能。项目依山而建，地产建筑风格采用中式合院形制，"桃李不言，下自成蹊"，桃李田园中融入立体山地合院，整个小镇既有中国传统建筑的形态之美，又有江南院落的俊秀之美，打造了诗情画意的田园慢生活品质居所。

继2015年6月绿城集团在杭州推出"83方极小别墅"的桃李春风产品之后，该产品在厦门、开封、海口、江苏宝华等地又相继推出，别墅为极小户型设计，采用纯中式风格，精装修后交付使用，受到广大购房者的热烈欢迎。曾经创造了没有样板间402套一期工程一售而空的销售奇迹。

桃李春风主要的目标人群是"60后""70后"，这类人群工作事业已相对成熟稳定，进入黄金期，子女亦即将长大成人。"种桃种李种春风"既是他们儿时的回忆又是他们心中的梦想。收获的同时，他们更希望有放逸山水间的快意人生，希望为自己为家人构筑最温馨的家园。走进桃李春风，就好像是走进了桃李春风的画卷里。小桥流水人家，白墙绿树黑瓦，仿佛走入陶渊明笔下风物美、人性纯的世外桃源。忙碌烦躁的都市人心里都有一个属于自己的小镇，都有着对休闲田园生活的无限向往，在桃李春风里，人们可以放慢脚步，慰聊这份难舍的乡愁。桃文化为小镇注入了灵魂，让心灵有了归属。

桃李春风的田野农庄和花海民宿给都市人提供了一个接触自然、休闲安静、释放自我的栖息地。同时小镇拥有健康护理中心、娱乐区、温泳池、运动中心、儿童活动中心等配套设施以及超市、净菜场、面包房和银行等社区商业的基本业态。小镇通过建立家庭健康档案，满足各业主的健康护理需求。游客可以在桃花阵里赏风车，可以在"春风市集"里"春风得意"，可以在春风小巷中看艺人绝活，还可以在"春风茶庄"品清茗，在"春风戏院"赏名曲。

　　石家庄·桃李春风小镇种植桃树近100亩，目前在小镇不仅看桃花，还喝桃汁、食桃果、品桃膳、读桃诗、作桃画、玩桃核，桃产业的系列衍生产品在小镇销售良好。除了桃产业加工系列产品的畅销外，小镇居民对桃文化都有浓厚兴趣，举办桃文化节，参与到桃的花果管理、修剪、土壤管理、病虫害防治等生产环节，提高了对桃生产的认识，掌握相关技能，获得了劳动的乐趣。小镇居民热心参加桃产业博览会等活动，主动宣传桃文化，对桃文化传播起到了积极推动作用。目前桃精油、桃木剑、桃手工制品在小镇销售良好，桃产业链条有望持续延伸，相关产品的增值空间很大。

8 河北省桃产业三产融合模式评价

本章运用河北省桃产业三产融合模式评价模型,对河北省现有的四种融合模式进行评价,根据评价结果,明确目前河北省桃产业三产融合的发展较好的模式。

8.1 河北省桃产业三产融合模式评价指标体系构建

8.1.1 指标构建原则

为了保证河北省桃产业三产融合模式评价指标体系的有效性,本书遵循以下原则。

科学性原则:在选取指标中,要以理论为指导,与实践相结合。

系统性原则:在选取指标中,要考虑指标间相互作用,能够系统地对目标事物做出评价。各评价指标之间相互联系,层次分明,权重清晰,能够系统反映评价结果的构成。

客观性原则:在选取指标中,避免个人主观意见,注重专家的权威性、独立性和代表性,使评价指标的筛选更加客观。

适应性原则:在选取指标中,选择要切合实际,评价指标数据要容易获取,排除一些难以界定的指标数据。

8.1.2 评价指标筛选及权重

(1) 桃产业三产融合模式选择的影响因素分析

政府：政府的角色是为产业和企业的发展提供良好的外部环境。政府的支持力决定了产业融合的发展程度。

市场：市场是产业融合的动力。市场的供给和需求影响着产业融合。市场需求决定了最终产品的结构。

技术：技术是推动产业融合的动力，在产业融合中，技术提供了产业的共同基础平台，进而影响和改变其他产业产品的开发、竞争和价值创造。

资源：在产业融合中，资源是产业融合的基础。自然资源、人文资源为桃产业三产融合奠定了一定的基础。

(2) 评价指标筛选方法

依据农村一二三产业融合和农村地区一二三产业融合发展指标选取文献，对河北省桃产业三产融合模式影响因素进行分析，遵循产业融合模式评价指标体系构建原则选取指标。本书把桃产业三产融合模式评价指标体系分为三个层次，即目标层、准则层和指标层，列出备选指标。

本章采用德尔菲法对备选指标进行进一步筛选，采用问卷调查的形式，邀请专家对每一个指标的重要性进行评价，重要性评价分值分为五个等级：非常重要（10分）、很重要（8分）、重要（6分）、不太重要（4分）、不重要（2分）。本书邀请了6位相关领域的专家对各项指标进行评分，专家对于备选指标的打分集合为 $X = \{X_{ij}\}$。

6 位专家对于指标 i 的平均认可度用 $\overline{E_i}$ 表示：

$$\overline{E_i} = \frac{1}{n} \sum_{j=1}^{n} x_{ij}$$

以 6 分为界，$\overline{E_i} > 6$ 表明专家对指标 i 的认可度较高，认为指标 i

比较重要，予以保留，若 $\overline{E_i} \leq 6$ 则表明指标 i 不太重要，予以删除。

为了保证专家对指标 i 的打分一致性，利用分散度与变异系数对打分结果进行检验。分散程度 δ_i，变异系数 V_i，指标 i 的分散度与变异系数的判断标准为：若 $0 \leq \delta_i \leq \dfrac{2}{3}$，$0 < \delta_i < 0.1$，说明专家对该结果意见一致。

$$\delta_i = \sqrt{\frac{1}{n} \sum_{j=1}^{n} (x_{ij} - \overline{E_i})^2}$$

$$V_i = \frac{\delta_i}{E_i}$$

（3）指标层筛选

邀请专家对指标层备选指标进行逐一打分，并通过计算得出指标层指标筛选结果。

根据表 8-1 的指标筛选结果，指标的评价值均大于 6，说明专家认为这些指标对评价结果有意义，因此予以保留。各指标分散程度均小于 2/3，并且协调程度小于 0.1，说明专家意见一致。

表 8-1 评价指标筛选

指标层	评价平均值 $\overline{E_i}$	分散程度 δ_i	变异系数 V_i
政府扶持力度（Z1）	8.26	0.36	0.07
金融支持力度（Z2）	7.36	0.37	0.06
基础设施的完善程度（Z3）	7.68	0.52	0.08
用地支持力度（Z4）	8.36	0.35	0.04
消费者收入水平（Z5）	7.56	0.47	0.06
消费需求的转变（Z6）	7.65	0.41	0.04
消费方式升级（Z7）	8.36	0.43	0.04

(续表)

指标层	评价平均值 $\overline{E_i}$	分散程度 δ_i	变异系数 V_i
品牌效应（Z8）	8.23	0.36	0.07
新技术的应用程度（Z9）	8.77	0.36	0.08
科技人员专业素质（Z10）	8.45	0.32	0.02
互联网技术（Z11）	7.65	0.48	0.04
物联网技术（Z12）	7.34	0.46	0.05
主体发展程度（Z13）	8.34	0.47	0.03
相互协作水平（Z14）	7.25	0.42	0.04
主体带动融合程度（Z15）	7.49	0.39	0.05
自然人文资源（Z16）	7.84	0.45	0.04

（4）指标体系建立

河北省桃产业三产融合模式评价指标建立详见表8-2。

表8-2 河北省桃产业三产融合模式评价指标建立

目标层（X）	准则层（Y）	指标层（Z）
河北省桃产业三产融合模式评价体系	政府	政府扶持力度（Z1）
		金融支持力度（Z2）
		基础设施的完善程度（Z3）
		用地支持力度（Z4）
	市场	消费者收入水平（Z5）
		消费需求的转变（Z6）
		消费方式升级（Z7）
		品牌效应（Z8）

（续表）

目标层（X）	准则层（Y）	指标层（Z）
河北省桃产业三产融合模式评价体系	技术	新技术的应用程度（Z9）
		科技人员专业素质（Z10）
		互联网技术（Z11）
		物联网技术（Z12）
		相互协作水平（Z14）
		主体带动融合程度（Z15）
	资源	自然人文资源（Z16）

（5）指标体系权重

• 确定指标权重

根据上文确定的桃产业融合模式评价指标体系划分为三个层次，即目标层、准则层和指标层。

目标层：即桃产业三产融合模式评价指标体系。

准则层：即桃产业三产融合模式评价的四大准则层指标。

指标层：即桃产业三产融合模式评价 16 个具体指标。

• 构造判断矩阵

以上一层的指标 X_i 作为评价依据，对本层级的指标两两比较，得出指标与指标的相对重要性，即构成判断矩阵 E：

$$\begin{matrix} e_{11} & e_{12} & \cdots & e_{1j} & \cdots & e_{1n} \\ e_{21} & e_{22} & \cdots & e_{2j} & \cdots & e_{2n} \\ \vdots & \vdots & \vdots & & \vdots & \vdots \\ e_{i1} & e_{i2} & \cdots & e_{ij} & \cdots & e_{in} \\ \vdots & \vdots & \vdots & & \vdots & \vdots \\ e_{61} & e_{62} & \cdots & e_{nj} & \cdots & e_{nn} \end{matrix}$$

在判断矩阵 E 中，元素 e_{ij} 表示，依据评价准则 X_i，要素 e_i 对 e_j 的相对重要性。本书采用萨迪提出 1~9 标度法（表 8-3），邀请专家对各评价指标进行两两打分。

表 8-3　1~9 标度法及含义

标度 e_{ij}	含义
1	对于 Xi 而言，e_i 和 e_j 同等重要
3	对于 Xi 而言，e_i 比 e_j 略微重要
5	对于 Xi 而言，e_i 比 e_j 重要
7	对于 Xi 而言，e_i 比 e_j 更加重要
9	对于 Xi 而言，e_i 比 e_j 重要得多
2，4，6，8	为以上两判断之间中间状态对应标度
倒数	e_i 与 e_j 比较得 e_{ij}，e_j 与 e_i 比较得 $e_{ji}=1/e_{ij}$

- 层次分析法计算得出的指标权重

根据专家对各个指标间的相对重要性打分，建立判断矩阵，再运用上述 AHP 层次法的计算方法，对每个指标进行权重计算和一致性检验，最终得出各指标权重。

由于本书把河北省桃产业三产融合模式界定为 4 种不同的开发模式，不同开发模式下各指标的权重不同，因此分别进行了 4 轮计算，不同模式下各指标权重见表 8-4。

表 8-4　层次分析法确定的指标权重

桃园综合体模式		区域多产业融合模式		电子商务引领模式		桃园康养模式	
准则层	指标层	准则层	指标层	准则层	指标层	准则层	指标层
0.302 6	0.080 6	0.170 4	0.103 1	0.223 9	0.040 3	0.490 9	0.189 5
	0.008 8		0.008 5		0.061 8		0.163 5
	0.090 3		0.039 2		0.117 1		0.097 6
	0.122 9		0.019 6		0.004 7		0.040 3

（续表）

桃园综合体模式		区域多产业融合模式		电子商务引领模式		桃园康养模式	
准则层	指标层	准则层	指标层	准则层	指标层	准则层	指标层
	0.086 1		0.025 6		0.077 6		0.095 2
0.284 2	0.107 3	0.106 7	0.049 7	0.187 8	0.068 6	0.177 1	0.046 3
	0.016 5		0.017 6		0.030 9		0.030 9
	0.074 3		0.013 8		0.010 7		0.004 7
	0.002 9		0.171 6		0.039 7		0.006 8
	0.056 4		0.067 9		0.053 5		0.009 8
	0.021 6		0.058 8		0.200 8		0.044 2
0.390 5	0.038 5	0.704 2	0.054 9	0.586 1	0.179 3	0.309 6	0.011 5
	0.223 0		0.080 6		0.064 9		0.117 1
	0.005 0		0.176 4		0.017 2		0.095 2
	0.043 1		0.094		0.030 7		0.031 8
0.022 6	0.022 6	0.018 8	0.018 8	0.061 8	0.061 8	0.016 5	0.016 5

8.1.3 模糊综合评价法确定评价

（1）确立指标隶属度函数

根据各评价指标的特点，本书采用梯形模糊隶属函数对各指标进行量化，针对不同的指标类型，采用不同类型的梯形模糊隶属度函数。

正向指标，采用半升梯形隶属度函数，即：

$$Y(X_i) = \frac{X_i - X_{\min}}{X_{\max} - X_{\min}} = \begin{cases} 1, & X_i \geqslant X_{\max} \\ \dfrac{X_i - X_{\min}}{X_{\max} - X_{\min}}, & X_{\min} \leqslant X_i \leqslant X_{\max} \\ 0, & X_i \leqslant X_{\max} \end{cases}$$

逆向指标，采用半降梯形隶属度函数，即：

$$Y(X_i) = \frac{X_{max} - X_i}{X_{max} - X_{min}} = \begin{cases} 1, & X_i \leq X_{min} \\ \frac{X_{max} - X_i}{X_{max} - X_{min}}, & X_{min} \leq X_i \leq X_{max} \\ 0, & X_i \geq X_{max} \end{cases}$$

（2）综合评价结果的确定

根据上述计算中的各评价指标的权重与评价标准，本书采用线性加权和函数计算综合评价结果。

被评价项目最终得分为：

$$F_i = \sum_{j=1}^{n} f_{ij} \lambda_{ij}$$

$$\lambda_{ij} = \lambda_i \times \lambda_j$$

8.2 综合评价和模式选择

8.2.1 指标无量纲化处理

利用隶属梯度函数，计算出各评价指标的得分（表8-5）。

表8-5 指标无量纲化处理结果

指标	量化结果	指标	量化结果
政府扶持力度	86	消费需求的转变	45
金融支持力度	82	消费方式升级	74
基础设施的完善程度	91	品牌效应	73
用地支持力度	68	新技术的应用程度	76
消费者收入水平	63	科技人员专业素质	88

（续表）

指标	量化结果	指标	量化结果
互联网技术	96	相互协作水平	83
物联网技术	83	主体带动融合程度	68
主体发展程度	64	自然人文资源	80

8.2.2 评价计算

把各指标最终得分代入上文公式，结合上文得出的 4 种融合模式下的各指标权重，得出 4 种融合模式的最终评价得分（表 8-6 至表 8-9）。

表 8-6 区域多产业融合模式综合评价

指标	权重	得分	权重分值
政府扶持力度	0.103 1	86	8.866 6
金融支持力度	0.049 7	82	4.075 4
基础设施的完善程度	0.039 2	91	3.567 2
用地支持力度	0.019 6	68	1.332 8
消费者收入水平	0.025 6	63	1.612 8
消费需求的转变	0.008 5	45	0.382 5
消费方式升级	0.017 6	74	1.302 4
品牌效应	0.013 8	73	1.007 4
新技术的应用程度	0.171 6	76	13.041 6
科技人员专业素质	0.067 9	88	5.975 2
互联网技术	0.058 8	96	5.644 8

(续表)

指标	权重	得分	权重分值
物联网技术	0.054 9	83	4.556 7
主体发展程度	0.080 6	64	5.158 4
相互协作水平	0.176 4	83	14.641 2
主体带动融合程度	0.094 0	68	6.392 0
自然人文资源	0.018 8	80	1.504 0
综合得分		79.061	

表 8-7 桃园综合体模式综合评价

指标	权重	得分	权重分值
政府扶持力度	0.080 6	86	6.931 6
金融支持力度	0.008 8	82	1.763 0
基础设施的完善程度	0.090 3	91	8.217 3
用地支持力度	0.122 9	68	8.350 0
消费者收入水平	0.086 1	63	3.061 8
消费需求的转变	0.107 3	45	4.590 0
消费方式升级	0.016 5	74	1.975 8
品牌效应	0.074 3	73	5.432 9
新技术的应用程度	0.002 9	76	0.220 4
科技人员专业素质	0.056 4	88	4.901 6
互联网技术	0.021 6	96	2.073 6
物联网技术	0.038 5	83	2.730 7
主体发展程度	0.223 0	64	14.272 0

(续表)

指标	权重	得分	权重分值
相互协作水平	0.005 0	83	0.415 0
主体带动融合程度	0.043 1	68	2.930 8
自然人文资源	0.022 6	80	1.741 5
综合得分			69.608

表8-8 电子商务引领模式综合评价

指标	权重	得分	权重分值
政府扶持力度	0.040 3	86	3.465 8
金融支持力度	0.061 8	82	5.067 6
基础设施的完善程度	0.117 1	91	10.656 1
用地支持力度	0.004 7	68	0.319 6
消费者收入水平	0.077 6	63	4.888 8
消费需求的转变	0.068 6	45	3.087 0
消费方式升级	0.030 9	74	2.286 6
品牌效应	0.010 7	73	0.781 1
新技术的应用程度	0.039 7	76	3.017 2
科技人员专业素质	0.053 5	88	4.708 0
互联网技术	0.200 8	96	19.276 8
物联网技术	0.179 3	83	14.881 9
主体发展程度	0.064 9	64	4.153 6
相互协作水平	0.017 2	83	1.427 6
主体带动融合程度	0.030 7	68	2.087 6

(续表)

指标	权重	得分	权重分值
自然人文资源	0.002 1	80	0.168 0
综合得分		77.273	

表 8-9 桃园康养模式综合评价

指标	权重	得分	权重分值
政府扶持力度	0.129 5	86	11.137 0
金融支持力度	0.113 5	82	9.307 0
用地支持力度	0.097 6	91	8.881 6
基础设施的完善程度	0.105 2	68	7.153 6
消费者收入水平	0.115 2	63	7.257 6
消费需求的转变	0.046 3	45	2.083 5
消费方式升级	0.030 9	74	2.286 6
品牌效应	0.054 7	73	3.993 1
新技术的应用程度	0.016 8	76	1.276 8
科技人员专业素质	0.029 8	88	2.622 4
互联网技术	0.024 2	96	2.323 2
物联网技术	0.011 5	83	0.954 5
主体发展程度	0.107 1	64	6.854 4
相互协作水平	0.040 3	83	3.344 9
主体带动融合程度	0.031 8	68	2.162 4
自然人文资源	0.036 5	80	2.920 0
综合得分		74.558	

8.2.3 模式选择

通过对比 4 种融合模式的综合评价结果，可以看出，桃园综合体模式综合评价结果为 69.608，区域多产业融合模式的综合评价结果为 79.061，电子商务引领模式的综合评价结果为 77.273，桃园康养模式的综合评价结果为 74.558。综合评价结果最高的是区域多产业融合模式，说明河北省桃产业三产融合发展较好的模式是区域多产业融合模式。

区域多产业融合模式中，主体间相互协作水平、新技术的应用程度、政府扶持力度、主体带动融合程度、科技人员专业素质这 5 项的权重分值较高，说明其对区域多产业融合较为重要，发展区域多产业融合模式要注重科学技术的创新以及融合主体之间的联系。

桃园综合体模式中，融合主体发展水平、用地支持力度、基础设施完善程度、政府扶持力度、品牌效应这 5 项指标的权重分值较高，说明其对桃园综合体模式较为重要，在发展桃园综合体模式中，应加大政府扶持力度、用地支持力度，完善基础设施，发挥品牌效应。

电子商务引领模式中，互联网技术、物联网技术、基础设施完善程度、金融支持力度、消费者收入水平这 5 项的权重分值较高，原因是电子商务引领模式是以电子商务平台为依托，发展电子商务模式应注重互联网、物联网技术的发展，并加大金融支持力度。

桃园康养模式中，政府支持力度、金融支持力度、用地支持力度、基础设施完善程度、消费者收入水平这 5 项的权重分值较高，说明其对桃园康养模式较为重要，发展桃园康养模式政府应该加大用地支持力度和金融支持力度。

在 4 种融合模式中，区域多产业融合模式评价较高，其他 3 种融合模式的优先选择度要低于区域多产业融合模式，因此，在桃产业基础好的地区可以考虑发展区域多产业融合模式，选择其他 3 种融合模式，要根据当地桃产业发展实际情况及资源优势，合理选择。

9 顺平县桃产业和旅游产业融合发展的实证研究

本章目的在于测算顺平县桃产业与旅游产业融合发展的程度，分析当前两产业所面临的问题，能更准确地为两产业融合发展提供建议。比较常用的融合度测算方法为灰色关联分析法、赫芬达尔指数法、专利相关系数法、投入产出法、AHP-模糊综合评价法，对于以上研究方法进行比较，投入产出法在产业融合测量方面准确性更高，由于数据的获取较为困难，它更适用于编制投入产出表的省、直辖市级单位；灰色关联分析法具有信息少的特点，测算出来的结果偏主观性；赫芬达尔指数法对于两个产业之间的融合具有一定不足，区间划分上不够准确，这种方法最适用于测量某一单一产业内部的融合；专利相关系数法侧重技术方面的测算，对于桃产业和旅游产业的专利数据较难获取，测算比较困难；AHP-模糊综合评价法受指标体系合理性和主观打分影响较大，测算结果缺少数据支撑，精确度误差较大。因此，考虑到产业耦合是产业融合的基础，而耦合协调度模型常用于分析事物的协调发展水平，可体现事物间协调状况的好坏，结合顺平县实际情况本章采用熵权—耦合协调度模型来测算桃产业与旅游产业的协调发展状况。

9.1 指标的选取

9.1.1 指标的选取原则

在构建指标体系过程中，选取顺平县桃产业和旅游产业指标要充分体现客观性、全面性，应遵循科学性、系统性、代表性、动态可比性、可获得性原则。

科学性原则。在分析和总结现有的学术研究基础上，准确地反映桃产业和旅游产业的综合特点，避免主观随意性，确保所选取指标具有一定的典型代表性，准确客观地反映顺平县桃产业和旅游产业的真实情况，不影响到后续的数据计算以及分析。

系统性原则。在对桃产业和旅游产业进行描述和评价时，应注重指标的选取尽量涵盖系统的各个层面，做到体系逻辑明确、指标独立，使得指标能够包含不同层次上的内容。

代表性原则。通过抓住事物发展的本质，选取顺平桃产业和旅游产业中代表性指标，使各项指标从繁到简，便于学者看起来简洁，更能准确地得出测算结果进行评价分析。

动态可比性原则。桃产业与旅游产业在发展过程中，由于时间会对系统发展产生一定的影响，每个阶段发展水平有差异，所以在指标的选取上要保证时间序列上的连续性。指标的动态性可以很好地体现系统发展过程中的变化方向和变化程度，保证对桃产业和旅游产业系统耦合协调发展的评价研究具有真实性。

可获得性原则。通过实际情况，选取易获得的指标并且尽可能地来自官方公布的文件中，最终实现定性的指标能够得到量化。本书依托《顺平县统计年鉴》《保定市经济统计年鉴》和每年的《保定市国民经济和社会发展统计公报》。由于顺平县桃产业和旅游产业公布的统计数据有限，在保证具有代表性的前提下，尽可能搜集到更全面的指标。

9.1.2 评价指标体系及数据来源

结合本书主题、研究方向及本章具体研究内容，本着客观、科学、全面、有效等基本指标构建原则，借鉴已有成果并参考专家意见基础上分别选出相关指标并构建出顺平县桃产业和旅游产业发展水平耦合度测评指标体系。本书选取的桃产业与旅游产业两个子系统的构成指标主要衡量两产业发展水平，桃产业系统指标主要参考赵俊远等（2018）；旅游产业系统指标主要参考王亚芳（2019），田启（2017）。通过查询相关统计资料，共选取 10 种指标如表 9-1 所示，桃产业指标分别为桃园面积、桃产量、桃总产值、水果生产加工基地、桃龙头企业产值。在旅游产业系统内部指标选取过程中优先考虑具有代表性的指标数据，选取接待游客量、旅游产业创收、住宿和餐饮数量、景区数量、旅行社数量 5 个指标来反映旅游产业综合发展水平。其次，指标的正负性代表着给系统带来的积极或消极影响，指标为正，表示该指标与系统呈正相关，指标为负，反之。上述桃产业和旅游产业发展水平的指标数据主要来源于《顺平县统计年鉴》《保定市经济统计年鉴》《河北省农业统计年鉴》《保定市国民经济和社会发展统计公报》。

表 9-1 顺平县桃产业与旅游产业子系统指标构成

产业	指标层	指向类型
桃产业	桃园面积/公顷	正
	桃产量/吨	正
	桃总产值/万元	正
	水果生产加工基地/个	正
	桃龙头企业产值/万元	正
旅游产业	接待游客量/万人次	正
	旅游产业创收/万元	正
	住宿和餐饮数量/个	正
	景区数量/个	正
	旅行社数量/个	正

9.2 桃产业和旅游产业综合发展水平测评法——熵值法

9.2.1 原始数据矩阵构建

本书研究对象选取桃产业与旅游产业，假设某一系统如桃产业系统有 p 个年份数据涵盖 q 个评价指标，原始指标数据矩阵为：

$$X = \begin{pmatrix} X11 & X12 & L & X1q \\ X21 & X22 & L & X2q \\ M & M & 0 & M \\ Xp1 & Xp2 & L & Xpq \end{pmatrix}$$

9.2.2 评价指标标准化处理

在构建评价指标体系内，由于各个指标的统计单位不一致，为了使评价结果更加客观，必须对指标数据进行无量纲化处理，运用极差法对其无量纲化处理，根据相同运算公式进行标准化处理并转化为无单位的相对量。通过公式计算，会出现标准化值为 0 的情况，因此，旨在避免此类无意义的情况出现，对标准化值进行 001 单位的平移，具体公式如下所示：

$$X'_{pq} \begin{cases} (x_{pq} - \min x_{pq})/\max x_{pq} - \min x_{pq}, X_{pq} \text{ 为正向指标} \\ (\max x_{pq} - x_{pq})/\max x_{pq} - \min x_{pq}, X_{pq} \text{ 为负向指标} \end{cases}$$

上述公式中，x_{pq} 代表第 p 列的第 q 个数据；$maxx_{pq}$ 和 $minx_{pq}$ 表示该指标的最大值和最小值；X'_{pq} 表示无量纲化后的标准值，它的取值范围为 [0, 1]，标准值越大，对系统的贡献程度越大，反之越小。

9.2.3 熵值法确定指标权重

熵是测量某系统的无序程度,通过测量所收集的各项指标的有效数据并确定其权重,当各评价对象的某项指标值相差较大时,熵值较小,说明该指标提供的有效信息量较大,其权重也应较大;反之,权重变小,说明该指标提供的信息量较小。当所构建的评价指标体系中某项指标的数据完全相同时,熵值出现最大,这表示该指标数据无有用信息,应把其从评价指标体系中删除。因此,本书运用熵值法判断桃产业与旅游产业各个指标的离散程度,客观赋权后对综合评价指标的结果提供合理依据。

计算第 p 项指标第 q 年的指标值在所有年份指标值之和中所占的比重 P_{pq}:

$$P_{pq} = \frac{x'_{pq}}{\sum_{i=1}^{m} x'_{pq}}$$

计算指标体系中 p 个指标的熵值 e_p:

$$e_p = -\frac{1}{\ln m} \sum_{i=1}^{m} (p_{pq} \cdot \ln p_{pq})$$

其中,ln 为自然对数;m 的取值为比较的年份,熵值 e_p 取值范围为 [0, 1]。

计算第 p 项指标的差异系数 g_p:

$$g_p = 1 - e_p$$

某项指标的熵值大小取决于差异系数,第 p 项指标的数值 x_{pq} 之间差异越大,则离散程度越高,代表熵值越小;g_p 越大,指标越重要,故对评价方案作用越大。

第 p 项指标权重:

$$W_p = \frac{g_p}{\sum_{i=1}^{n} g_p}, \quad p = 1, 2, 3, \cdots, n$$

9.3 构建耦合协调模型

9.3.1 产业评价指数

产业评价指数是对某个产业进行综合评价的指数,其中 U_p 表示第 p 个产业评价指数;n 代表第 p 个产业评价指标个数。

$$U_P = \sum_{p=1}^{n} W_P \cdot X'_{pq} (p = 1, 2, 3, \cdots, p, q = 1, 2, 3, \cdots, q)$$

9.3.2 耦合度模型

耦合度是通过数据指标测量不同产业之间相互关联程度的指标,可以表示为:

$$C = \left\{ \frac{U_1 U_2}{(U_1 + U_2)^2} \right\}^{\frac{1}{2}}$$

其中,C 代表桃产业和旅游产业之间的耦合度;U_1 和 U_2 分别代表桃产业和旅游产业的评价指数,耦合度 C 的取值在 [0, 1],C 的值越大,耦合度越高,C 的值越小,耦合度越小。

9.3.3 耦合协调度模型

耦合度模型具有一定的局限性,它不能准确预测所有不同产业之间协调发展的程度,只能判断两个产业之间相互作用的程度,尤其是针对两种不同的产业之间产业评价指数偏低耦合度却偏高的情况,不能给出较为合理的解释,因此引入耦合协调度模型对不同产业之间协调情况进行准确的测量。其公式为:

$$D = \sqrt{T \times C}$$
$$T = \alpha U_1 + \beta U_2, \alpha + \beta = 1$$

其中，D 表示桃产业和旅游产业之间的耦合协调度；U 代表产业评价指数；T 为桃产业和旅游产业系统的综合评价指数；α 和 β 为商定系数，借鉴之前学者的研究基础，本书认为在顺平县桃产业与旅游产业融合发展过程中，桃产业和旅游产业的重要性相同，所以把 α 和 β 分别取 0.5。

9.3.4 耦合协调度评价标准

本书借鉴之前学者的研究成果，对耦合协调度等级进行划分，如表 9-2 所示。

表 9-2 桃产业与旅游产业耦合协调等级划分

耦合协调度区间	等级	耦合协调度区间	等级
(0, 0.1]	极度失调	(0.5, 0.6]	勉强协调
(0.1, 0.2]	严重失调	(0.6, 0.7]	初级协调
(0.2, 0.3]	中度失调	(0.7, 0.8]	中级协调
(0.3, 0.4]	轻度失调	(0.8, 0.9]	良好协调
(0.4, 0.5]	濒临失调	(0.9, 1]	优质协调

9.3.5 同步性模型

通过用定量表示桃产业与旅游产业之间的协调发展关系，此处的同步性模型是对两产业相对关系进行解释。公式为：

$$P = T_1/T_2$$

P 表示桃产业与旅游产业之间的同步性，T_1 和 T_2 分别表示桃产业与旅游产业综合发展指数；通过二者综合发展指数在不同年份的作商比较，得出同步类型，当 $P > 1$ 属于旅游产业滞后型；当 $P < 1$ 属于桃产业滞后型；当 $P = 1$ 属于同步发展型。

9.4 桃产业和旅游产业耦合协调度测算

9.4.1 评价指标的权重

桃产业与旅游产业子系统指标构成及权重详见表9-3。

表9-3 桃产业与旅游产业子系统指标构成及权重

产业	指标层	单位	指向类型	权重
桃产业	桃园面积	公顷	正	0.231 89
	桃产量	吨	正	0.137 60
	桃总产值	万元	正	0.218 86
	水果生产加工基地	个	正	0.077 55
	桃龙头企业产值	万元	正	0.334 09
旅游产业	接待游客人次数	万人次	正	0.204 45
	旅游产业创收	万元	正	0.208 29
	住宿和餐饮数量	个	正	0.058 87
	景区数量	个	正	0.437 09
	旅行社数量	个	正	0.091 29

9.4.2 耦合协调度测算

通过将指标数据带入模型，计算出桃产业综合发展水平 U_1、旅游产业综合发展水平 U_2、桃产业和旅游产业耦合度 C、耦合协调度 D、综合评价指数 T、同步性 P。测算结果如表9-4所示。

表 9-4 2011—2020 年顺平县桃产业与旅游产业耦合协调度及评价

年份	U_1	U_2	C	D	T	P	耦合协调度等级	协调类型
2011	0.391 203 507	0.032 187 635	0.265 035 553	0.236 87	0.211 69	12.15	中度失调	旅游产业滞后型
2012	0.462 467 089	0.063 355 914	0.325 532 545	0.292 55	0.262 91	7.30	中度失调	旅游产业滞后型
2013	0.492 503 782	0.083 082 436	0.351 438 235	0.318 03	0.287 79	5.93	中度失调	旅游产业滞后型
2014	0.472 711 642	0.121 488 700	0.403 304 617	0.346 15	0.297 10	3.89	中度失调	旅游产业滞后型
2015	0.601 561 312	0.175 633 765	0.418 228 778	0.403 14	0.388 59	3.43	轻度失调	旅游产业滞后型
2016	0.679 773 082	0.265 051 903	0.449 258 265	0.460 69	0.472 41	2.56	濒临失调	旅游产业滞后型
2017	0.255 492 492	0.442 184 880	0.481 766 256	0.409 95	0.348 84	0.58	轻度失调	桃产业滞后型
2018	0.313 440 973	0.999 449 784	0.426 314 184	0.529 01	0.656 45	0.31	初级协调	桃产业滞后型
2019	0.190 470 177	0.759 659 561	0.400 350 233	0.436 11	0.475 06	0.25	濒临失调	桃产业滞后型
2020	0.148 109 768	0.653 730 583	0.388 063 990	0.394 44	0.400 92	0.23	濒临失调	桃产业滞后型

9.5 结果分析

9.5.1 产业评价指数

由图 9-1 可得，桃产业评价指数与旅游产业评价指数呈现出两种不同的走向，桃产业评价指数总体上趋于平缓下降趋势，从 2011 年的 0.391 2 下降到 2020 年的 0.148 1，旅游产业的评价指数总体上呈上升趋势，并且上升速度不断加快，2011—2020 年从 0.032 2 上升到 0.653 7，这说明旅游产业整体发展状况较好。桃产业评价指数从 2011 年到 2016 年持续上升，从 0.391 2 上升到 0.679 8，说明这期间桃产业总体发展态势较好，但 2017 年又跌到 0.255 5，这是由于 2017 年桃产业受到河北"7·19"特大暴雨洪涝灾害的影响严重，造成桃产量出现大幅递减，从而引发产业指数下降。旅游产业评价指数从 2011—2017 年开始呈现稳步上升，由数据可知，2014 年中景信旅游集团投资开发白石山景区，打造了长度和宽度为全国之最的玻璃栈道，通过各媒介大力宣传，白石山游客迅增，从而带动周边景区的游客数量，旅游产业综合评价指数开始出现较大幅度增长。2016 年，河北省首届旅游发展大会在保定举行，旅游发展大会将京西百渡休闲度假村成功地打造成保定旅游的经典品牌，2016 年佛光寺全部竣工建造完成，吸引了大批游客前来参观祈福，从而带动了更多的游客参加桃花节，接待游客人数较 2015 年增加了 1 倍。2017 年，保定市第一届旅游产业发展大会在高碑店举行，以"新业态、新体验、新品牌"为主题，成功打造推出京南小镇特色旅游区，促进了当地旅游产业快速发展，旅游产业的综合评价指数增长速度加快。2019—2020 年新冠肺炎疫情来临之际，住宿业受到较大冲击，关门率达到 70% 以上，对旅游产业评价指数产生了较大影响。

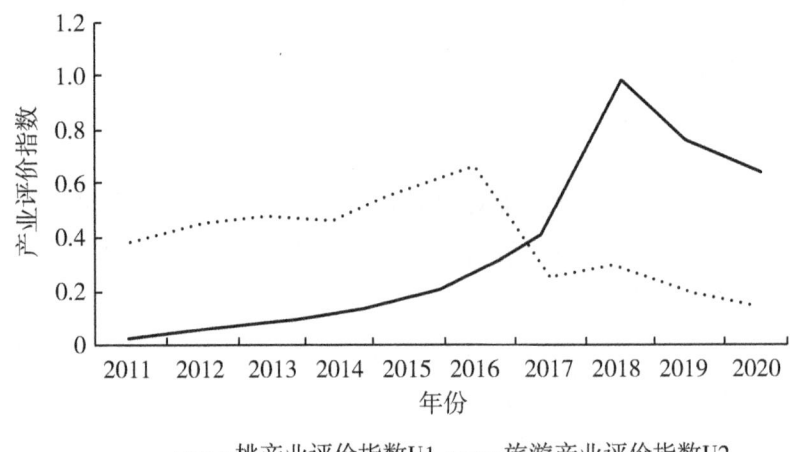

图 9-1　2011—2020 年桃产业和旅游产业的产业评价指数

9.5.2　耦合度和耦合协调度

从图 9-2 可知，2011—2020 年桃产业和旅游产业的耦合度整体呈上升趋势，从 0.265 增长为 0.388，上升幅度较大，说明顺平县桃产业与旅游产业的融合程度趋于积极向上的良好发展趋势，两产业正在逐步相互影响，关联程度也越来越深，更趋近于产业融合。2017 年以后，桃产业与旅游产业耦合处于较高水平且发展趋势近于平缓。

由图 9-2 所示，2011—2020 年桃产业和旅游产业耦合协调度指数总体呈增长趋势，分阶段研究，2011—2016 年融合协调度从中度失调状态，上升为濒临协调，作为研究时间段的初期，两产业之间的影响较小，各自保持独立状态，但是从两产业评价指数来看，桃产业和旅游产业均持续增长，说明两产业之间的耦合作用是正向的，相互之间的带动性较强。2016—2017 年，耦合协调度呈下降趋势，从濒临协调到轻度协调，结合图 9-4，根据两产业评价指数分析可知，由于受到

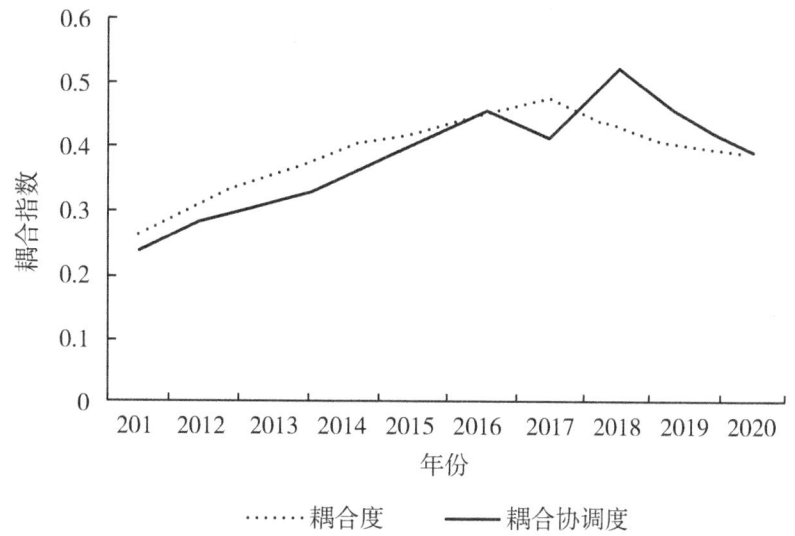

图 9-2 2011—2020 年桃产业和旅游产业系统耦合指标时序变化曲线

特大自然灾害的影响,桃产业从 0.679 8 下降到 0.255 4,下降迅猛,旅游产业从 0.265 上升到 0.442 1,协调类型从旅游产业滞后型转变成桃产业滞后型,旅游产业增长而桃产业下降,说明两产业之间带动性较差。2017 年到 2018 年,耦合协调度从 0.409 9 上升到 0.529,此阶段两产业又开始相继增长,因此两产业的耦合协调水平有了很大的改善。

耦合度与耦合协调度的整体不断提升,说明桃产业与旅游产业之间的关联程度加深,两个产业之间的关联发展程度由严重失调上升为勉强协调,在此期间两产业处于良好互动的状态,但是目前桃产业与旅游产业之间还处于耦合的中间阶段,没有达到完全耦合,这对于两产业实现更好的融合还有很大的发展空间。

9.5.3 同步性分析

由图 9-3 所示,桃产业和旅游产业的同步性变化幅度较大,大致分为两个阶段,第一阶段为 2017 年之前,此阶段为旅游产业相对滞后的同步性降低,桃产业初始评价指数较高,在此期间虽然两产业评价指数都增大,但是旅游产业增长速度更快,2016—2017 年,桃产业和旅游产业达到同步的水平,很快旅游产业便超过桃产业。第二阶段为 2017—2020 年桃产业滞后型阶段,此时桃产业评价指数和旅游产业评价指数虽然都有所下降,但是旅游产业评价指数仍大于桃产业评价指数。

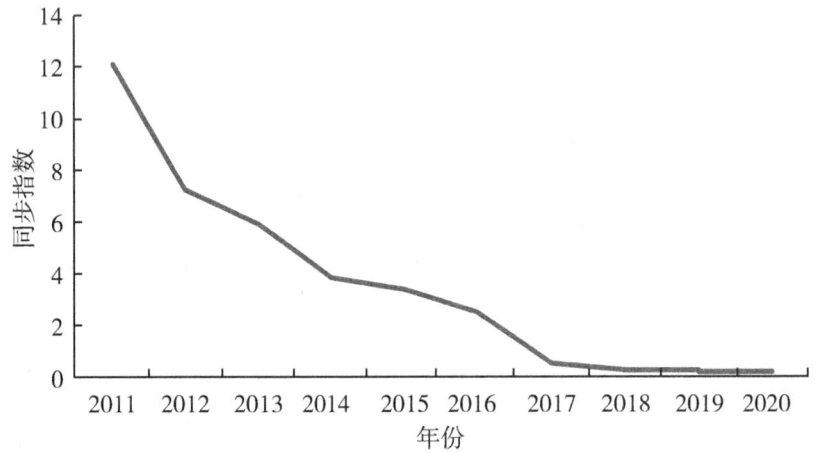

图 9-3 2011—2020 年顺平县桃产业与旅游产业发展同步性拟合曲线

9.5.4 本章小结

产业评价指数分析表明:顺平县桃产业和旅游产业两者产业评价指数走向不同,桃产业评价指数总体上趋于平缓下降趋势,旅游产业评价指数总体上呈上升趋势。耦合度和耦合协调度分析表明:2011—2020 年桃产业和旅游产业的耦合度与耦合协调度整体呈上升趋势,两个产业之间的关联发展程度由严重失调上升为勉强协调,说明顺平县桃产业与旅游产业之间的耦合关联程度加深,目前桃产业与旅游产业之间还处于耦合的成长阶段，两产业距实现完全耦合仍有较大发展空间。同步性分析表明：桃产业和旅游产业的同步性变化幅度较大，目前旅游产业评价指数大于桃产业评价指数，属于桃产业滞后型阶段，提升顺平县桃产业和旅游产业的耦合度与耦合协调度，目前重点需要提升桃产业的整体竞争力和产业影响力。

10 顺平县桃产业与旅游产业融合发展的影响因素研究

本章采用灰色关联分析法对顺平县桃产业与旅游产业融合发展的影响因素进行研究。首先从耦合协调度模型各指标之间的联系来看，其中包含多种非线性的变量，从数据可获得性来说，灰色关联分析法对数据的要求较低、指标数量较少、步骤较为简便，并且测算准确度较高；其次灰色关联分析法的运用较为成熟，因此，灰色关联分析法很适合顺平县桃产业与旅游产业融合发展的影响因素研究。

10.1 融合影响因素指标选取依据

分析顺平县桃产业与旅游产业融合影响因素的前提是梳理产业融合的动力机制。通过梳理前人对产业融合动力机制研究的文献，可以得出产业融合动力机制主要包括市场需求、企业利益、技术创新、政策推动四大融合动力。本书依据产业融合动力机制，结合桃产业与旅游产业的特征，具体分析桃产业与旅游产业融合的影响因素。

（1）市场需求

随着人们生活水平的提高，越来越多的人厌倦了城市的生活，开始向往自然，果品采摘、农事体验、乡村生态观光旅游受到越来越多的人的向往，旅游当中物质上的享受已经不能够满足当今人们的需求,越发注重感官上的刺激体验和心灵上的放松。桃产业与旅游产业的融合能让常年在城市生活的人们感受大自然的风光,体验农事活动,使其紧张的心情放松下来。所以,桃产业与旅游产业的融合正好符合当今社会工作族们寻找放松心情的旅游需求,这也是桃产业与旅游产业不断融合的推动力。

(2) 企业利益

企业通常把获取最大利益放在首位,在寻求利益的过程中与其他产业形成伙伴关系,在不知不觉中形成产业融合。旅游企业和桃种植销售企业前期在各行业中竞争,沿袭生命周期理论,当企业的竞争到达最大值时开始消耗衰退,为了继续发展,企业会选择创新与合并的方式延长自身的寿命,来实现利益的周转,因此其产品会不断整合,来适应更多消费者的需求。其中旅游产业和桃产业有相同困境,两大产业之间通过融合可以创造更多可能,建立新的联系,实现企业间产品的整合和创新,降低生产成本,拓展新的业务和项目,吸引更多消费者。企业之间通过产业融合,不断调整经营模式,突破行业壁垒,寻找创新机遇,才能使企业必然不断调整经营战略以及选择经营模式,逐渐突破原有产业的限制,发挥各方优势,实现产业融合效益。

(3) 技术创新

现如今数字技术和智能技术不断发展并深入到行业内部,信息技术的发展改变着交通、公共信息网络等基础设施,交通技术的进步大大缩短了我们在路上的时间;公共信息网络技术的兴起,加强了对农户和景区的宣传力度,有利于增加游客数量,提高当地知名度;同时虚拟现实技术的发展,使游客身临其境、沉浸在经营者创造的场景中,游客未在其地,却能先感受到当地的风貌,能够吸引游客前往游玩。

桃产业与旅游产业相结合的产品更多是以体验性为主,因此技术创新可以辅助游客游玩,提高趣味性,起到科普文化教育作用。现今流行的"云种植"也可以依托大数据来帮助用户培育自己挑选的树种,增加游客体验性。桃产业与旅游产业的融合运用高新技术手段作为支撑,能够在各方数据上实现实时信息化,来评估各个环节的发展状况。

(4)政策推动

桃产业与旅游产业融合发展的外在动力是政策推动。政府提出一系列关于桃产业与旅游产业融合发展的指导意见,有利于改善制度环境,促进两产业健康融合。顺平县委、县政府提高景区标准、科学设计规划区域、加大财政投入力度,全力助推旅游产业不断优化升级。同时编撰《顺平县旅游发展总体规划》《顺平县绿色发展规划》等系列规划,将特色的桃花节及红叶节等活动深入发展,提高顺平县域旅游的对外传播,增强品牌影响力。致力将旅游模式从单一化的发展向"旅游+"模式的转变,使顺平县旅游产业同现代农业两者融合发展。

10.2 融合影响因素指标选取及数据来源

10.2.1 指标选取

本章在归纳分析桃产业与旅游产业融合的动力机制之后,将上述的市场需求、技术创新、企业利益、政策支持4个融合影响因素选择具体的指标进行量化分析。通过借鉴之前的学者研究,结合顺平县的自身发展情况,选取桃产业与旅游产业相融合的可能影响因素的指标。基于此,本章从市场需求、企业利益、政策支持和技术创新四方面对融合影响因素展开分析。

(1)市场需求指标

通过在顺平县的实地调研,为了使模型测算的结果更加准确,分别选取桃销售额、旅游产业总收入、接待游客总人次、游客人均消费水平指标来体现市场需求的指标。

(2) 企业利益指标

主要通过企业数量和产值来体现顺平县桃产业与旅游产业融合的指标体系，桃产业主要体现在桃龙头企业数量和桃龙头企业产值，旅游产业主要由住宿、餐饮及旅行社的数量来衡量。

(3) 政策支持指标

主要体现在基础设施的建设上，结合顺平县自身的发展情况选用基础设施投入、公路里程来体现。

(4) 技术创新指标

结合顺平县自身的发展情况来看，本研究把技术创新的指标选为固定互联网接入用户和桃技术培训次数。

测评指标选取见表10-1。

表10-1 测评指标选取

项目	指标	计算公式	单位
融合度	耦合协调度（p_0）	—	—
市场因素	桃销售额（q_0）	—	亿元
	旅游产业总收入（q_1）	—	万元
	接待游客总人次（q_2）	—	万人次
	游客人均消费水平（q_3）	旅游总收入/旅游总人数	元/人
企业因素	桃龙头企业数量（q_4）	—	个
	桃龙头企业产值（q_5）	—	万元
	住宿餐饮+旅行社（q_6）	—	个
科技因素	固定互联网接入用户（q_7）	—	万户
	桃技术培训次数（q_8）	—	次

(续表)

项目	指标	计算公式	单位
政策因素	基础设施投资额（q_9）	—	亿元
	公路里程（q_{10}）	—	千米

10.2.2 数据来源

本研究以 2011 年为基期，选取 2011—2019 年的数据进行测算。有关桃产业、旅游产业的指标数据均来源于 2011—2020 年《顺平县统计年鉴》、2011—2020 年《保定市经济统计年鉴》、2011—2020 年《河北农村统计年鉴》、2011—2020 年《保定市国民经济和社会发展统计公报》和实地走访调研获得。

10.3 融合影响因素关联度测算

10.3.1 确定分析序列

将桃产业与旅游产业的耦合协调度作为分析桃产业与旅游产业融合影响因素的参考序列：

$$P_0 = \{P_0(h) | h = 1, 2, 3, \cdots, k\}$$

将因素影响各指标序列作为比较序列，j 为旅游产业的第 j 个指标：

$$Q_j = \{Q_j | j = 1, 2, 3, \cdots, x; h = 1, 2, 3, \cdots, k\}$$

2011—2020 年顺平县桃产业与旅游产业融合影响因素相关指标原始数据见表 10-2。

10.3.2 对分析序列做无量纲化处理

本书将采用均值化对其处理，以提高数据可比性，增加结果可靠

表10-2 2011—2020年顺平县桃产业与旅游产业融合影响因素相关指标原始数据

年份	p_0	q_0	q_1	q_2	q_3	q_4	q_5	q_6	q_7	q_8	q_9	q_{10}
2020	0.394 4	6.5	9 638.1	32.64	295	4	22 639.3	163	7.5	16	5.2	948
2019	0.436 1	8.3	21 000	69.8	300	4	26 928.6	375	10.1	24	3.8	971
2018	0.529 0	16.5	31 000	59.5	287	3	24 787.1	377	8.7	62	2.1	970.69
2017	0.409 9	15.3	15 080	50.39	232	3	31 061	379	6.6	53	1.81	1 093.87
2016	0.460 7	24.68	10 400	42.39	218	3	31 510.9	375	4.6	52	1.4	1 092
2015	0.403 1	20.93	7 490	35.24	213	3	31 024	333	3.83	48	1.18	1 088
2014	0.346 2	15.5	5 060	28.13	180	3	28 592.9	293	3.06	45	1.2	1 085
2013	0.318 0	12.08	3 770	24.15	156	3	44 234	291	2.7	44	1.37	1 085
2012	0.292 6	8.06	2 810	20.73	136	2	78 941.6	272	2.2	32	0.36	1 072
2011	0.236 9	7.4	2 090	17.79	118	1	77 840.6	273	1.9	30	0.3	1 066

表10-3　2011—2020年顺平县桃产业与旅游产业融合影响因素相关指标初始化结果

年份	p_0'	q_0'	q_1'	q_2'	q_3'	q_4'	q_5'	q_6'	q_7'	q_8'	q_9'	q_{10}'
2020	1.053 1	0.431 7	0.948 4	0.938 2	1.532 5	1.523 8	0.520 5	0.502 9	1.786 2	0.349 7	4.279	0.893
2019	1.164 4	0.551 3	2.006 4	2.006 3	1.558 4	1.523 8	0.619 1	1.157 0	2.405 5	0.524 6	3.127	0.915
2018	1.412 4	1.096 0	3.050 4	1.710 2	1.490 1	1.142 9	0.569 8	1.163 1	2.072 0	1.355	1.728	0.914
2017	1.094 5	1.016 2	1.483 9	1.448 4	1.205 2	1.142 9	0.714 1	1.169 3	1.571 9	1.158	1.489	0.971
2016	1.230 0	1.639 2	1.377 6	1.218 5	1.132 5	1.142 9	0.724 4	1.157 0	1.095 6	1.136	1.152	1.029
2015	1.076 3	1.390 1	0.737 0	1.013 0	1.106 5	1.142 9	0.713 2	1.027 4	0.912 2	1.049	0.971	1.025
2014	0.924 2	1.029 5	0.497 9	0.808 6	0.935 1	1.142 9	0.657 3	0.904 0	0.728 8	0.983	0.987	1.022
2013	0.849 1	0.802 3	0.371 0	0.694 2	0.810 4	1.142 9	1.016 9	0.897 8	0.643 0	0.962	1.127	1.022
2012	0.781 1	0.535 3	0.276 5	0.595 9	0.706 5	0.761 9	1.814 8	0.839 2	0.524 0	0.699	0.296	1.010
2011	0.632 4	0.491 5	0.205 7	0.511 4	0.613 0	0.381 0	1.789 4	0.842 3	0.452 5	0.656	0.247	1.004

表10-4 2011—2020年顺平县桃产业与旅游产业融合影响因素相关指标序列的绝对值

年份	M_1	M_2	M_3	M_4	M_5	M_6	M_7	M_8	M_9	M_{10}	M_{11}
2020	0.981	0.464	0.474	0.120	0.111	0.892	0.909	0.374	1.063	2.867	0.519
2019	0.861	0.654	0.594	0.146	0.111	0.793	0.255	0.993	0.888	1.715	0.497
2018	0.316	1.638	0.298	0.079	0.269	0.843	0.249	0.659	0.057	0.316	0.497
2017	0.078	0.389	0.354	0.111	0.048	0.380	0.075	0.477	0.064	0.395	0.122
2016	0.409	0.148	0.012	0.095	0.087	0.505	0.073	0.134	0.093	0.077	0.201
2015	0.314	0.339	0.063	0.030	0.066	0.363	0.049	0.164	0.027	0.105	0.051
2014	0.105	0.426	0.116	0.011	0.219	0.267	0.020	0.195	0.060	0.063	0.098
2013	0.047	0.478	0.155	0.039	0.294	0.167	0.048	0.206	0.113	0.278	0.173
2012	0.246	0.505	0.185	0.075	0.019	1.034	0.058	0.257	0.082	0.485	0.229
2011	0.141	0.427	0.121	0.019	0.251	1.157	0.209	0.179	0.023	0.385	0.372

性。计算公式为：$P_0'(h) = P_0(h) / \overline{P_0}(h)$，其中 $h = 1, 2, 3, \cdots, k$。

$$P_j'(h) = P_j(h) / \overline{P_j}(h)，其中 j = 1, 2, 3, \cdots, x;$$
$$h = 1, 2, 3, \cdots, k。$$

无量纲处理后结果见表 10-3。

10.3.3 对序列求差，找出最大值与最小值

对参考序列两业耦合协调度与比较序列影响因素求差序列，计算公式为：

$$M_j(h) = |P_0'(h) - Q_j'(h)|，其中 j = 1, 2, 3, \cdots, x;$$
$$h = 1, 2, 3, \cdots, k。$$

从而确定两级的最值。

由表 10-4 可知，桃产业与旅游产业融合影响因素数据指标序列最大值为 1.015 633 43，最小差值为 0.011 390 245。

10.3.4 计算关联系数

运用公式：

$$\delta[P_0(h), Q_0(h)] = \frac{M(\min) + \rho M(\max)}{M_j(h) + \rho M(\max)}$$

其中，ρ 为分辨系数，取值范围为（0，1），取值越小，关联系数间差距越大，通常取值 0.5。

2011—2020 年顺平县桃产业与旅游产业融合影响因素关联系数见表 10-5。

表 10-5　2011—2020 年顺平县桃产业与旅游产业融合影响因素关联系数

年份	δ_1	δ_2	δ_3	δ_4	δ_5	δ_6
2020	0.598	0.761	0.757	0.929	0.934	0.621
2019	0.629	0.692	0.712	0.914	0.934	0.648

(续表)

年份	δ_1	δ_2	δ_3	δ_4	δ_5	δ_6
2018	0.825	0.470	0.834	0.955	0.848	0.634
2017	0.955	0.792	0.808	0.935	0.974	0.796
2016	0.784	0.913	0.999	0.943	0.949	0.744
2015	0.827	0.815	0.965	0.986	0.963	0.804
2014	0.938	0.777	0.932	1.000	0.874	0.849
2013	0.976	0.756	0.909	0.981	0.836	0.902
2012	0.860	0.745	0.892	0.957	0.994	0.585
2011	0.917	0.776	0.929	0.994	0.857	0.557

年份	δ_7	δ_8	δ_9	δ_{10}	δ_{11}
2020	0.616	0.799	0.578	0.335	0.739
2019	0.855	0.595	0.622	0.458	0.748
2018	0.858	0.690	0.968	0.825	0.747
2017	0.957	0.755	0.964	0.789	0.927
2016	0.958	0.921	0.946	0.955	0.884
2015	0.974	0.904	0.988	0.938	0.973
2014	0.993	0.886	0.967	0.965	0.943
2013	0.974	0.880	0.934	0.844	0.898
2012	0.968	0.854	0.953	0.753	0.868
2011	0.878	0.895	0.991	0.794	0.799

10.3.5 计算关联度

通过公式：

$$\delta(P_0, Q_j) = \frac{1}{h} \sum_{h=1}^{k} \delta[P_0(h), Q_j(h)]$$

计算桃产业与旅游产业融合的影响因素的灰色关联度及排序，如表 10-6 所示。

表 10-6　2011—2020 年顺平县桃产业与旅游产业融合影响因素灰色关联度及排序

一级指标	二级指标	二级指标关联度	排序	一级指标关联度	排序
市场因素	桃销售额（p_0）	0.8311	5	0.8537	2
	旅游产业总收入（q_1）	0.7498	10		
	接待游客总人次（q_2）	0.8740	6		
	游客人均消费水平（q_3）	0.9598	1		
企业因素	桃龙头企业数量（q_4）	0.9168	4	0.8449	3
	桃龙头企业产值（q_5）	0.7144	11		
	餐饮和住宿+旅行社数量（q_6）	0.9036	3		
科技因素	固定互联网接入用户（q_7）	0.8183	8	0.8549	1
	桃技术培训（q_8）	0.8916	2		
政策因素	基础设施投资（q_9）	0.7660	7	0.8096	4
	公路里程（q_{10}）	0.8531	9		

如表 10-6 所示，桃产业与旅游产业融合的影响因素的关联度排

序为：科技因素＞市场因素＞企业因素＞政策因素。整体指标排序顺序为：游客人均消费水平＞桃技术培训＞餐饮和住宿+旅行社数量＞桃龙头企业数量＞桃销售额＞接待游客总人次＞基础设施投资＞固定互联网接入用户＞公路里程＞旅游产业总收入＞桃龙头企业产值。

10.4　结果分析

通过测算结果可知，所有指标灰色关联度均大于 0.5，说明所选指标对桃产业和旅游产业融合的关联性都很高，对促进其融合有着显著影响，所选指标合理有效。其中四种主要影响因素的灰色关联度范围为 0.809 6～0.854 9，排序为科技因素（0.854 9）＞市场因素（0.853 7）＞企业因素（0.844 9）＞政策因素（0.809 6）。

从桃产业和旅游产业融合的影响因素细分的指标来看，科技因素对两产业融合的关联度排在首位，为 0.854 9，二级指标中桃技术培训的指标关联性排名第二，说明桃种植技术的推广不仅能促进桃产业综合竞争力的提升，对于促进桃产业与旅游产业深度融合起到重要作用；固定互联网接入用户关联度指标排名虽然相对靠后，但关联度数值并不低，主要是由于顺平县地理位置处于山区，智能化发展水平相对落后，但是实现互联网覆盖和接入可促进两产业融合，要努力提升桃生产加工、销售以及旅游服务环节的智能化管理水平。

市场因素的关联度为 0.853 7，仅次于科技因素，其中游客人均消费水平的关联度在各二级因素指标中排名第一，说明游客人均消费水平是衡量两产业融合度的关键指标，游客人均消费水平不仅取决于游客个人消费能力，更重要的是取决于游客的消费欲望，而能刺激游客消费欲望的因素一是产品品质，二是品牌的影响力，三是消费场景体验，因此推动桃产业与旅游产业的深度融合需要加强鲜桃产品品质管理、积极开发桃加工衍生产品，扩大区域品牌及企业品牌的影响力、为游客打造美好的消费场景体验。桃销售额、旅游产业总收入两项指标对于两产业融合也具有影响力，说明延伸桃产业链的重要性，开发桃木加工纪念品，增加果品采摘、农事体验、农家餐饮、住宿、农产品销售等多种游客体验的附加产品，既能让游客得到身心的愉悦和放松，又能增加农户经济收入。

企业因素虽然对于两产业融合的关联程度排名处于第三位，但测算出的关联程度数值并不低，说明桃龙头企业数量、桃龙头企业产值、餐饮和住宿+旅行社数量等指标对于促进桃产业与旅游产业融合也具有重要作用。桃花节作为具有代表性的北方的乡村节事旅游，局限于平原和气候等客观条件，季节性较为明显，在顺平桃花节期间，游客数量远远超过当地住宿和餐饮可接待的承受能力，导致许多游客不得不去相邻地区就餐和住宿，这样流失了大量的游客资源及经济来源，可见住宿和餐饮的接待能力和水平对于顺平县桃产业和旅游产业融合也起着很重要的作用。目前顺平县桃产业重点龙头企业中，望蕊山庄的品牌知名度、影响力和企业规模较大，汇源和奥胜两大水果加工企业目前生产规模不大，在两产融合中的推动力相对还较弱，进一步推动桃产业与旅游产业的深度融合，应该大力培育桃生产、加工重点龙头企业，着力提升龙头企业在三产融合中的主导地位。

政策因素的关联性为 0.809 6，排在第四位，政府出台相关政策不仅可以为桃产业和旅游产业融合提供良好的政策环境，而且能够带动两产业可持续发展。近年来，顺平政府将投资开发新的旅游景区，促进了旅游产业的快速发展，但对桃花节和桃产业的投资没有显著增长，影响了桃产业和旅游产业融合的速度。

11 促进河北省桃产业三产融合的对策建议

11.1 建设融合发展示范区，推进区域多产业融合模式

河北省桃种植品种繁多，采摘期长，观赏期可以从3月到11月，拥有三产融合发展的先天优势，要发挥区域优势、资源优势、产业优势，正确选择桃产业发展方向和融合模式。结合河北省桃产业发展的实际情况，积极培育区域多产业融合模式、桃园综合体模式、电子商务引领模式和桃园康养模式四种融合模式的试点示范县，对试点示范县项目给予政策资金支持。集中资源、汇集政策在全省率先打造融合特色鲜明、产业集聚发展、利益联结紧密、配套服务完善、组织管理高效、示范作用显著的三产融合发展示范桃园。区域多产业融合模式是在某一区域范围内，以桃产业发展奠定区域经济基础，利用桃产业优势吸引工业、旅游业等其他产业聚集发展，形成集聚效应的融合发展模式。着力打造顺平区域多产业融合模式样板，政府适当参与，以降低产业融合风险，保障企业、合作社及果农利益，借助集群品牌价值，获取纵向一体化利润，打造河北省桃产业三产融合发展的产业振兴样板。

11.2 培育新型农业经营主体,重视桃加工业发展

河北省桃产业目前经营主体以种植户为主,规模小,抵抗市场风险能力低。产业发展需要在适度规模经营的前提下,提高果农组织化程度,形成一批专业大户、家庭农场、农民合作社和农业龙头企业。推动家庭农场高质量发展,促进农民合作社规范提升,做大做强龙头企业。河北省桃产业三产融合实践中,一产、三产带动型发展迅速,二产带动型发展欠缺,精深加工龙头企业可以凭借其加工增值能力、管理效率和市场营销能力,带动其他主体共同发展,是产业化经营的重点发展方向,通过加工型龙头企业发展,带动一产、三产,实现三产融合。第一,优化鲜食桃产品生产,为二产提供优质原材料,保障桃初加工和深加工产品质量及效率;第二,开发桃汁、桃果、桃脯、桃膳、桃木、桃根、桃核、桃酒、桃叶、桃手工艺品等系列衍生产品,加强鲜桃产后处理技术推广;第三,加快农产品冷链物流和产地营销体系建设,加大对产地初加工项目建设支持力度,吸纳社会资本;第四,鼓励企业与科研院所合作开展市场化、产业化研发,开展技术创新、产品开发及产业化应用研究,积极创新桃产品加工过程中的机械设备,引领现代农业向"高端、高值、高效"方向发展。

11.3 加快全产业链要素融合,拓展桃产业的多功能性

加大劳动、资本、土地、知识、技术、管理等生产要素的支撑,加快全产业链要素融合。大力拓展桃产业的多功能性,发展桃产业新型业态。将"互联网+农业""旅游+农业""文化+农业""生态+农业"融入桃产业发展的各环节。第一,推进智慧果园建设,深化桃产业结构调整,合理布局规模化种植,实现标准化生产。第二,积极创

建创意桃园区，促进"产区变景区、田园变公园、产品变礼品"。积极探索"5G+"等智慧农业引领的桃产业三产融合新模式。第三，努力实现桃产业与大数据、云计算、物联网等新技术的深度结合。发展农村电商，使桃产业实体经济与互联网共同产生叠加效应和聚合效应。第四，拓展服务功能，大力发展乡村休闲旅游，开发"桃园研学""桃园文旅""桃园劳作""桃园科普""桃园养生""桃园节庆""桃园养老"等项目。

11.4　打造桃文化旅游品牌，鼓励桃园综合体建设

中国源远的桃文化中"春天""生机""爱情""美貌""益寿""祛病""驱邪""遁世""和睦""诗画田园"等桃源情结可以作为桃园文化旅游品牌的核心文化诉求，努力打造有影响力的桃产业区域品牌和企业品牌。品牌设计不要大而全，要突出品牌相对单纯的文化定位，全面建设品牌识别系统，通过差异化的品牌识别，建立差异化的品牌竞争优势，建设桃园小镇，开发系列桃园长寿文化康养产品，开展文旅教育活动，把桃园小镇打造成"桃休闲文化居所"和"桃文化旅游目的地"。桃园综合体模式以桃产业为主导产业，集循环农业、创意农业、农事体验于一体，拓展桃产业链条，发挥产业价值的乘数效应，其空间创新可以带动桃产业优化升级，有助于实现一二三产业的深度融合。桃的长生长期、多品种，观赏价值、文化价值等各方面均使桃园综合体更具建设田园综合体的天然优势，创建桃园综合体样板，有可能成为农业供给侧结构性改革新的突破口，各级政府应给予更多政策支持。

11.5　加强风险管理，搭建产业融合发展智能服务平台

有效应对三产融合的自然、市场、社会等各种风险，增强河北省

桃产业三产融合发展的可持续性。第一，增强新型农业经营主体契约意识，以土地、劳动、资本、技术入股、订单生产等方式，利益共享、风险共担。第二，完善风险保障制度，加大对涉农保险的支持力度，增强自然灾害预警和防范能力，建立具有桃产业特点的信用评级体系。第三，创新农业发展投融资机制，引导金融机构提高贷款对存款的比例，扩大信贷投放，加强涉农担保体系建设，加大对新型农业经营主体的支持力度。

搭建产业融合智能化服务平台，政府要深化技术支持和数字服务功能，在桃生产、加工和服务环节加大支持力度。第一，推进"智慧果园"管理体系建设，在育种、栽培、采收分级等环节实现数字化管理。第二，开发线上服务功能，开发"桃园旅游"App，通过设置电子购票服务、线路导航、景区介绍、交通导航查询等功能，服务游客，让游客更好地认识当地文化及特色。在桃产品销售环节，可以加入直播、VR、全景体验等元素实现和消费者的深度互动，提升游客消费体验。第三，构建智慧旅游管理体系，以人工智能、云计算、物联网等智能化方式提升桃主产区的智能化水平，加强旅游舆情监测。第四，利用互联网技术，搭建覆盖全产业链的电商服务平台，推进农业种植基地、桃产品发展大户、大型超市之间的联通合作，推动信息化技术、生物技术等高新技术合成。第五，完善公共服务，推动科研机构、行业协会、龙头企业等共同参与桃产业三产融合，积极打造公共服务平台，健全桃产业三产融合发展服务体系，培养引进专业公共服务管理人才，切实提高服务水平。

参考文献

陈红霞，屈玥鹏，2020. 基于定性比较分析的村镇产业融合的影响因素与发展模式研究 [J]. 城市发展研究，27（7）：121-126.

陈晓华，2015. 推进龙头企业转型升级，促进农村一二三产业融合发展 [J]. 农村经营管理（12）：6-9.

戴春，2016. 农村一二三产业融合的动力机制、融合模式与实现路径研究——以安徽省合肥市为例 [J]. 赤峰学院学报：自然科学版，32（6）：40-43.

杜媛媛，2016. 旅游产业与区域经济的耦合协调度研究 [D]. 青岛：青岛大学.

龚大鑫，2012. 甘肃省区域特色农业竞争力研究 [D]. 兰州：甘肃农业大学.

何劲，2013. 农业投入品价格上涨对柑橘国际竞争力的影响研究 [D]. 武汉：华中农业大学.

胡友，2014. 水果价格形成、波动及调控政策研究 [D]. 武汉：华中农业大学.

姜全，2020. 中国桃产业的变化及发展趋势 [J]. 落叶果树，52（5）：1-3.

今村奈良臣，1996. 把六次产业的创造力作为21世纪农业产业 [J]. 月刊地域制作（1）：89.

李帆，2016. 甘肃省秦安县蜜桃市场竞争力研究 [D]. 武汉：中南民族大学.

李玲玲,杨坤,杨建利,2018. 我国农村产业融合发展的效率评价 [J]. 中国农业资源与区划, 39 (10): 78-85.

李雄伟, 2013. 桃种质资源群体遗传分析及果实数字基因表达谱构建 [D]. 杭州:浙江大学.

李治,王一杰,胡志全,2019. 农村一、二、三产业融合评价体系的构建与评价——以北京市为例 [J]. 中国农业资源与区划 (11): 111-120.

梁树广,马中东,2017. 农业产业融合的关联度、路径与效应分析 [J]. 经济体制改革 (6): 79-84.

刘国斌,李博,2019. 农村三产融合与现代农业发展分析 [J]. 农业现代化研究 (4): 621-628.

刘明国,2015. 务实求解农村一二三产业融合发展 [J]. 农村工作通讯 (18): 18-21.

刘琦,2019. 中南半岛地区对中国稻米出口的竞争力与潜力研究 [D]. 杭州:浙江大学.

刘威,2016. 北京市平谷大桃互联网众筹营销模式研究 [D]. 哈尔滨:东北农业大学.

刘永焕,2020. 农村三产融合与农民增收互动机制研究 [J]. 农业经济 (3): 108-110.

芦千文,姜长云,2016. 关于推进农村一二三产业融合发展的分析与思考——基于对湖北省宜昌市的调查 [J]. 江淮论坛 (1): 12-16.

吕霜竹,2013. 中国苹果出口欧盟市场竞争力研究 [D]. 咸阳:西北农林科技大学.

马健,2002. 产业融合理论研究评述 [J]. 经济学动态 (5): 78-81.

马庆庆,2019. 河南省玉米产业竞争力提升研究 [D]. 福州:福建师范大学.

马永青,陈海江,刘鹏,2014.河北省桃产业的现状及发展对策[J].林业科技开发(4):5-9.

迈克尔·波特,2005.竞争优势[M].陈小悦,译.北京:华夏出版社.

满力帅,2019.中国和巴西农产品贸易发展策略研究[D].石家庄:河北经贸大学.

欧阳胜,2017.贫困地区农村一二三产业融合发展模式研究——基于武陵山片区的案例分析[J].贵州社会科学(10):156-161.

潘婧毓,2019.无锡市阳山镇水蜜桃产业融合发展现状[J].黑龙江农业科学(7):158-161.

彭景美,周绪元,周楷轩,等,2021.山东临沂桃产业集群集中度及竞争力分析[J].天津农业科学,27(12):46-54.

邱天朝,2016.让农村产业融合成为带动农民增收的新动能[J].中国经贸导刊(34):16-20.

戎陆庆,黄佩华,2017.基于灰色理论的广西果蔬冷链物流需求及其影响因素预测研究[J].中国农业资源与区划(12):32-39.

盛瑛莺,扶玉枝,祁慧博,2018.农村电商发展趋势下产业融合模式研究——基于浙江省的案例分析[J].商业经济研究(5):94-96.

谭明交,2016.农村一二三产业融合发展:理论与实证研究[D].武汉:华中农业大学.

田启,2017.体育产业与旅游产业耦合发展研究[D].上海:上海体育学院.

王举兵,2017.中国桃国际竞争力分析[J].农业研究与应用(4):47-50.

王力荣，2021. 我国桃产业现状与发展建议［J］. 中国果树（10）：1-5.

王亚芳，2019. 金融业与旅游业的融合度及影响因素研究［D］. 兰州：兰州大学.

王颜齐，李玉琴，2018. 贫困地区农村一二三产业融合的现实困境及模式选择——以黑龙江省6个贫困县为例［J］. 农业经济（12）：6-8.

王玉玺，王德平，沈薇，2019. 苍溪县猕猴桃产业融合问题对策研究［J］. 安徽农业科学，47（15）：218-219.

熊琳，2019. 产业功能区规划中产业融合发展研究——以成都龙泉山"梦里桃乡"水蜜桃产业功能区为例［J］. 四川建筑，39（6）：16-18.

杨怀东，张小蕾，2020. 现代农业发展的耦合协调性研究——基于湖南省农村产业融合分析［J］. 调研世界（3）：44-51.

杨耀辉，2017. 河北省桃产业技术需求与发展对策［J］. 河北果树（4）：1-2，5.

杨玉，陈为峰，邓文，等，2020. 湖南桃产业发展现状、存在问题与建议［J］. 湖南农业科学（12）：76-78.

于冠男，2009. 提升陕西苹果产业竞争力的对策研究［D］. 西安：西北大学.

曾文芳，王志强，牛良，等，2017. 桃果实肉质研究进展［J］. 果树学报，34（11）：1475-1482.

张斌斌，马瑞娟，宋宏峰，等，2021. 江苏省桃产业现状与发展对策［J］. 落叶果树，53（6）：30-33.

张继伟，赵杰才，周琴，等，2018. 植物表皮毛研究进展［J］. 植物学报，53（5）：726-737.

张心雨，2017. 我国农产品对外贸易的国际竞争力研究（1978-2016）［D］. 昆明：云南财经大学.

张旭,2012.顺平县桃产业可持续发展的对策研究[D].保定:河北农业大学.

张玉梅,2016.中日水产品国际竞争力的比较研究[D].沈阳:辽宁大学.

赵海,2015.论农村一二三产业融合发展[J].农村经营管理(7):26-29.

赵俊远,王金献,2019.基于耦合协调度模型的信阳市茶产业与旅游业融合测评研究[J].茶叶通讯(1):55-60.

郑科,陈永年,2020."河东桃"的"大脑"——走进山西平陆县风口桃花源现代农业产业园[J].果农之友(1):36-38.

朱信凯,徐星美,2017.一二三产业融合发展的问题与对策研究[J].华中农业大学学报(社会科学版)(4):9-12.

朱智强,2021.山东蔬菜产业竞争力可持续发展策略[J].现代园艺,44(9):44-46.

BAO X D, 2015. Development of high-end agriculture based on dynamic diamond model [J]. Applied Mechanics and Materials, 3830 (733): 974-977.

BEAUDREAU B C, 2016. Competitive and comparative advantage: towards a unified theory of international trade [J]. International Economic Journal, 30 (1): 1-18.

BLOOM D E, CANNING D, SEVILLA J, 2002. Technological Diffusion, Conditional Convergence, and Economic Growth [J]. Social Science Electronic Publishing.

BROCK G, 2015. Strength in diversity: a spatial dynamic panel analysis of Mexican regional industrial convergence, 1960-2003 [J]. Comparative Economic Studies, 57 (1): 23-34.

FERNANDEZ C, MATSUDA T, FURUTSUKA H, 2019. International competitiveness of South American exports of soybean products

[J]. Journal of the Japanese Society of Agricultural Technology Management, 15 (3): 140-151.

HOANG V V, TRAN K T, TU B V, et al., 2017. Agricultural competitiveness of vietnam by the RCA and the NRCA indices, and consistency of competitiveness indices [J]. Agris On–line Papers in Economics and Informatics, 9 (4): 53-67.

HOJDIK V, 2020. Evaluation of slovak automotive industry competitiveness based on market concentration indicators [J]. SHS Web of Conferences.

JEONG S, LEE S, 2015. What drives technology convergence? Exploring the influence of technological and resource allocation contexts [J]. Journal of Engineering and Technology Management, 36: 78-96

KIM G H, 2019. Development of Rural Tourism Program for Dynamic Conservation of Agricultural Heritage [J]. Northeast Asia Tourism Research, 4: 255-274.

KIM N, LEE H, KIM W, et al., 2015. Dynamic patterns of industry convergence: evidence from a large amount of unstructured data [J]. Research Policy, 44 (9): 1734-1748.

LEI D T, 2000. Industry evolution and competence development: the imperatives of technological convergence. International Journal of Technological Management (19): 699-730.

NEUWIRTH R J, 2015. Global market integration and the creative economy:the paradox of industry convergence and regulatory divergence [J]. Journal of International Economic Law, 18 (1): 21-50.

SALTZSTEIN S L, ROSENBERG B F, 1963. Ulcerative colitis of the ileum, and regional enernaleenteritis of the colon: a comparative histopathologic study [J]. American Journal of Clinical Pathology, 40: 610-623.

SAQIB I M, XIN Q, ARSHAD H, 2018. Competitiveness of Pakistani rice in international market and export potential with global world: a panel gravity approach [J]. Cogent Economics & Finance, 6 (1).

SARKER R, RATNASENA S, 2014. Revealed comparative advantage and half–a–century competitiveness of Canadian agriculture: a case study of wheat, beef, and pork sectors [J]. Canadian Journal of Agricultural Economics/Revue Canadienne D'agroeconomie, 62 (4).

SHMRMA K L S, 2017. 20–Information Technology–Operation Technology Convergence [M]. Amsterdam: Elsevier.

SONG C H, ELVERS D, LEKER J, 2016. Anticipation of converging technology areas-are fined apporch for the identification of attractive fields of innovation [J]. Technological Forecasting & Social Change, 116: 98-115.

THOMAS R, 2002. Business value analysis: coping with unruly uncertainty [J]. Strategy & Leadership, 29: 127-136.

附　　录

河北省桃产业调查问卷

果农朋友：

您好，我们是河北农业大学"桃产业经济"课题组，为了了解河北省桃产业生产及销售现状，我们设计了本问卷。

调查结果将仅用于学术研究，对您所填写的相关资料也会保密，请您尽量根据您自己的实际情况作答，谢谢您的参与。

填写说明：

1. 一般的选择问题如果没有特殊说明，为单项选择，请在您所认可的选项序号下打"√"。

2. "＿＿"项直接写出您的意见。

地区：＿＿＿＿市＿＿＿＿县＿＿＿＿乡＿＿＿＿村

调研时间：＿＿＿＿

姓名：＿＿＿＿＿＿　　　联系方式：＿＿＿＿＿＿

桃园是普通桃还是设施桃？＿＿＿＿（普通桃和设施桃都有的请填写两份问卷）

调研对象：

A. 普通桃农　　　　B. 合作社　　　　C. 企业

一、基本信息

1. 性别

   A. 男　　　　　　　　B. 女

2. 年龄＿＿＿＿＿＿＿岁

3. 您的学历

   A. 小学及以下　　　　B. 初中

   C. 高中（中专）　　　D. 大学（大专）及以上

4. （1）您的家庭总人口数（平时住在一起生活的家人）＿＿＿＿＿＿＿人，劳动力人口＿＿＿＿＿＿＿人，务农人口＿＿＿＿＿＿＿人。

   （2）您家2016年家庭总收入＿＿＿＿＿＿＿元，务农收入＿＿＿＿＿＿＿元。

5. 生产环境优劣势

   （1）所处地理位置

   A. 平原　　　　　　　B. 山地　　　　　　　C. 城市郊区

   D. 丘陵　　　　　　　E. 河滩

   （2）土壤

   A. 黏重　　　　　　　B. 较疏松　　　　　　C. 沙性

   （3）您桃园所在地区年降雨量＿＿＿＿＿＿＿毫米。

   （4）生产环境的优势：＿＿＿＿＿＿＿＿＿＿＿＿＿＿＿＿＿＿＿＿

   生产环境的劣势：＿＿＿＿＿＿＿＿＿＿＿＿＿＿＿＿＿＿＿＿＿＿

6. 种植桃时间（建园时间）＿＿＿＿＿＿＿年。

7. 桃销售旺季：从＿＿＿＿＿＿＿月到＿＿＿＿＿＿＿月。

8. （1）2016年您家中桃园种植面积＿＿＿＿＿＿＿亩；年产量＿＿＿＿＿＿＿吨；年总产值＿＿＿＿＿＿＿万元。

   （2）桃的单价＿＿＿＿＿＿＿元/斤（1斤＝0.5千克），总收入＿＿＿＿＿＿＿元，总投入＿＿＿＿＿＿＿元，净投入＿＿＿＿＿＿＿元。

桃种植情况

种类	种植密度（株/亩）	种植面积（亩）	结果面积（亩）	单产（斤/亩）	价格（元/斤）	收入（元）
设施桃						
露天桃						

二、桃种植情况

9. 您家果园中都种植了什么桃品种？（可多选）

  A. 大久保   B. 京玉   C. 庆丰

  D. 燕红   E. 雨花露   F. 早露蟠桃

  G. 砂子早生   H. 早凤王   I. 早久保

  J. 大京红   K. 重阳红   L. 杨屯大桃

  M. 京春   N. 其他_____

10. 您家种植的桃品种有_____种，效益较好的桃品种_____，想要引进的桃品种_____。

主要栽培品种价格

主栽品种	品种名	上市月份	品种批发市场价格（元/斤）				
			2013 年	2014 年	2015 年	2016 年	2017 年
品种 1							
品种 2							
品种 3							
品种 4							
品种 5							
品种 6							
品种 7							
品种 8							

11. 种植桃的原因？

　　A. 经济效益高　　　　B. 有技术优势

　　C. 碰运气　　　　　　D. 随大流

　　E. 区域规划　　　　　F. 其他_____

12. 您在桃种植中主要遇到哪些困难？（多选）_____

　　A. 优质树苗的来源　　B. 如何施用化肥

　　C. 病虫害的防治　　　D. 修剪、套袋、疏花疏果

　　E. 果园机械化管理　　F. 产后贮藏

　　G. 产后运输　　　　　H. 产后销售环节

　　I. 其他_____

13. 您主要的技术需求？

　　A. 优质树苗　　　　　B. 肥水管理技术

　　C. 病虫害的防治　　　D. 修剪、套袋、疏花疏果技术

　　E. 果园机械化管理　　F. 产后贮藏运输技术

　　G. 产后加工技术　　　H. 产后销售技术

　　I. 其他_____

14. 您对这些困难如何解决？

　　A. 向农业技术部门求助

　　B. 自己凭借经验处理

　　C. 通过看相关书籍了解解决办法

　　D. 果园有固定的技术人员帮助处理

　　E. 其他_____

15. 您获取农业技术的主要来源？（多选）_____

　　A. 农业部门　　　　　B. 专业协会

　　C. 科研专家　　　　　D. 电视广播

　　E. 报纸杂志　　　　　F. 网络

　　G. 企业　　　　　　　H. 其他_____

16. 如果您的果园出现严重的病虫害等问题时，是否能迅速联系

到技术专家，由专家对果园的问题进行诊断，迅速提供解决方案？

  A. 能迅速联系到专家，问题能迅速解决

  B. 能迅速联系到专家，但问题不能迅速解决

  C. 不能在第一时间与专家取得联系

  D. 不知道如何与专家联系

17. 您参加过哪些人或机构提供的桃生产技术培训？_____

  A. 农业部门　　　　B. 专业协会　　　　C. 科研专家

  D. 企业　　　　　　E. 从未参加过　　　F. 其他_____

18. 您认为效果如何？

  A. 很好　　　　　　B. 一般　　　　　　C. 不好

三、成本效益

19. 人工成本（所有桃园的人工，不用核算到每亩）

  您家桃园共_____亩。2016年雇用劳动力的用工总数（每个雇用工劳动天数加在一起）_____个，劳动力单价_____元，雇用工投入共_____元；自用工_____个。（具体可以参考以下表格填写）

2016年桃园人工成本调查表

项目	雇工			自用工	
	雇用人数	当地价格（元/人）	总投入（元）	自家投入人数	当地价格（元/人）
人工授粉					
疏花疏果					
套袋、除袋					
采收					

(续表)

项目		雇工			自用工	
		雇用人数	当地价格（元/人）	总投入（元）	自家投入人数	当地价格（元/人）
夏剪	第一次					
	第二次					
	第三次					
	第四次					
冬剪						
土壤管理						
病虫害防治						

近几年桃园人工成本投入（填入用工总天数）

项目		花果管理（人工授粉、疏花疏果、套袋除袋）	修剪（夏剪、冬剪）	土壤管理	病虫害防治	其他（采收、运输等）
2014年投入	雇用工用工数（个）					
	自用工用工数（个）					
2015年投入	雇用工用工数（个）					
	自用工用工数（个）					
2016年投入	雇用工用工数（个）					
	自用工用工数（个）					

2014年当地劳动力价格_____元/天，2015年当地劳动力价格_____元/天，2016年当地劳动力价格_____元/天，2017年当地劳动力价格_____元/天。

20. 物质成本（尽量填写每亩成本，如果填写整个桃园成本的话请标明不是每亩的投入）

2014年桃园每亩投入物质成本共_____元，2015年每亩桃园投入物质成本共_____元，2016年桃园每亩投入物质成本共_____元，2017年桃园每亩已投入物质成本_____元。

桃园每亩物质成本投入　　　　单位：元/亩

年份	树苗	土地承包费	农药	化肥	水电运输纸袋工具材料等（灌溉、纸袋、包装、工具材料、购置授粉花粉、运输等）
2014年					
2015年					
2016年					
2017年					

21. 桃园收益

桃园收益表

年份	总种植面积（亩）	结果面积（亩）	总产量（斤）	单产（斤/亩）	单价（元/斤）	总利润（元）	净利润（元）
2014年							
2015年							
2016年							
2017年							

22. 您对种植桃前景的看法？_____

 A. 很有前途   B. 还可以   C. 很难说

 D. 不怎么样   E. 没有前途

23. 您下一步有何打算？_____

 A. 扩大生产规模   B. 保持现状

 C. 减少种植面积，种植其他水果

四、对策建议

24. 为促进优质河北省桃产业的发展，您认为政府应该做什么？（可多选）_____

 A. 提供一定的财政支持和生产补贴

 B. 加大宣传，引导消费

 C. 制定条规，保证生产质量

 D. 监管市场

 E. 增加科研投资，提高技术水平

 F. 农资打假，降低农资成本

 G. 为生产者或企业服务，提供生产、质量、消费等方面信息

 H. 其他_____

25. 您认为能够提升河北桃产品名气和销售量的措施或者途径有哪些？（可多选）_____

 A. 打造品牌   B. 改善外观品质

 C. 在包装上下功夫   D. 加大宣传力度

 E. 标准化生产，保障产品质量

 F. 不断探索更好的储藏技术，保证全年供应，免受季节变化的影响

 G. 一体化经营，扩大产业规模

 H. 其他（请说明）_____

26. 您对桃产业的发展有何具体建议、期望或者要求？

_____

_____

_____

再次感谢您花费宝贵的时间配合我们完成问卷，您的任何意见和建议对我们都是宝贵的，您的支持是我们最大的收获！

祝您生活幸福！

河北农业大学

后　　记

本书为著者2018年承担的河北省社会科学基金项目"河北省桃产业一二三产融合发展研究"（项目编号：HB18YJ058）的研究成果。本书出版得到了"2021年度河北省哲学社会科学学术著作出版资助项目"出版资金资助。本书出版得到了河北省哲学社会科学研究基地（农业经济发展战略研究基地）、国家现代农业产业技术体系建设专项、河北省现代农业产业技术体系水果产业创新团队建设专项、河北省现代农业产业技术体系桃产业创新团队建设专项的资金支持。本书由河北农业大学经济管理学院马永青副教授、河北农业大学齐静老师、河北农业大学任咏梅老师以及河北农业大学研究生张丽莹、王东平、史少普等同学共同完成。河北农业大学经济管理学院张志鹏老师、河北省农业农村厅特色产业处郝建博老师以及河北农业大学园艺学院曹洪波老师等也参加了资料整理及撰写工作。"国家桃产业技术体系"树体管理岗位专家陈海江教授对本著作给予了大量修正指导意见。

著　者
2021年12月